Das große Nöstlinger Lesebuch

Illustrationen von Verena Ballhaus, Jutta Bauer,
Jutta Bücker, Rotraut Susanne Berner,
Franziska Biermann, Klaus Ensikat, Wolf Erlbruch,
Nikolaus Heidelbach, Egbert Herfurth, Janosch,
Eva Muggenthaler, Christiana Nöstlinger,
Monika Port, Axel Scheffler, F. K. Waechter,
Philip Waechter.

Christine Nöstlinger

Das große
Nöstlinger
Lesebuch

Geschichten für Kinder
Mit vielen Bildern

Büchergilde
Gutenberg

Lizenzausgabe für die Büchergilde Gutenberg
Frankfurt am Main und Wien
mit freundlicher Genehmigung
des Beltz Verlages, Weinheim und Basel

Einbandgestaltung Margot Mayer-Guderian
Einbandzeichnung von Franziska Biermann
Fotos (S. 270, 271) von Alexa Gelberg
Gesamtherstellung Druckhaus Beltz, 69494 Hemsbach
Printed in Germany. ISBN 3 7632 4586 3

Inhalt

Christine Nöstlinger lebt in Wien oder auch im österreichischen Waldviertel. In ihren Geschichten kommen manchmal typisch österreichische bzw. Wiener Ausdrücke vor, besonders in der wörtlichen Rede. Nicht alle Ausdrücke sind deutschen LeserInnen gleich verständlich. Zum besseren Verständnis hat Christine Nöstlinger nahezu alle möglichen Abweichungen von der deutschen Schriftsprache erläutert – im Anhang des Buches.

Alle sind zufrieden mit mir

Die Mama ist zufrieden mit mir, wenn ich im Haushalt helfe. Der Papa ist zufrieden mit mir, wenn ich gute Noten habe. Der große Bruder ist zufrieden mit mir, wenn ich ihm von meinem Taschengeld etwas abgebe. Die kleine Schwester ist zufrieden mit mir, wenn ich ihre Rechenhausübung mache. Die Oma ist zufrieden mit mir, wenn ich nicht fernschaue und nicht Radio höre. Wahrscheinlich ist es sehr ungerecht von mir, wenn *ich* mit ihnen allen *nicht* zufrieden bin!

Der Bohnen-Jim

Es war einmal ein kleiner Junge, der hieß Jim, und der hatte eine kleine Schwester, die Jenny. Die Jenny war fast noch ein Baby. Richtig sprechen konnte sie nicht. Sie konnte erst einen Satz sagen. Der Satz hieß: »Das will Jenny haben!«

Jenny zeigte immer auf Jims Spielsachen und schrie: »Das will Jenny haben!« Und sie hörte erst zu schreien auf, wenn sie bekommen hatte, was sie wollte.

Eines Tages fand der Jim eine wunderschöne Bohne. Sie war groß und schwarz, mit weißen Streifen und rosa Punkten. Der Jim schmierte die Bohne mit Schmalz ein. Da glänzte sie ungeheuer schön.

Wie der Jim so saß und seine schöne Bohne bewunderte, kam die Jenny. Sie sah die Bohne und schrie: »Das will Jenny haben!«

Sie schrie sehr laut.

Der Mutter ging das Geschrei auf die Nerven. Die Mutter sagte: »Jim, gib ihr doch die blöde Bohne!«

Die Bohne war aber nicht blöd, sondern wunderschön, und der Jim wollte sie nicht hergeben. Er machte eine feste Faust um die Bohne und hielt die Faust in die Luft. Die Jenny schrie und sprang nach der Faust. Und die Jenny war sehr kräftig und konnte sehr hoch springen. Sie bekam die Faust zu fassen und zog Jims Arm zu sich herunter und versuchte, in die Faust zu beißen.

Und die Mutter rief: »Jim, sei ein lieber Bruder! Gib ihr die Bohne!«
Der Jim wollte kein lieber Bruder sein. Diesmal nicht! Er wollte seine Bohne nicht hergeben. Die Jenny biß den Jim in die Finger. Der Jim brüllte los und öffnete die Faust. Die Bohne fiel zu Boden und sprang unter den Schrank.
Der Jim und die Jenny knieten vor dem Schrank nieder und versuchten, die Bohne zu erwischen. Die Bohne lag ganz weit hinten, an der Wand. Jennys Arm war zu kurz, um an die Bohne zu kommen. Jims Arm reichte. Er griff nach der Bohne und bekam sie zwischen die Finger und dachte: Wenn ich sie hervorhole,

nimmt sie mir die Jenny weg! Und die Mutter hilft mir nicht! Sie hält immer zur Jenny! Und da hatte der Jim einen Einfall. Er holte die Bohne hervor und steckte sie, so schnell, daß Jenny nichts dagegen tun konnte, in den Mund. Er dachte: Hinter meinen Zähnen kann sie nichts hervorholen! Da beiße ich nämlich zu.

Die Jenny versuchte trotzdem, die Bohne hinter Jims Zähnen hervorzuholen. Und der Jim biß zu! Aber dabei verschluckte er leider die wunderschöne Bohne! Sie rutschte ihm einfach den Schlund hinunter. Wahrscheinlich, weil sie mit Schmalz eingeschmiert war. Schmalz macht nicht nur glänzend, sondern auch schlüpfrig.

Die Jenny greinte noch ein bißchen um die Bohne, aber dann fand sie ein anderes Ding, wobei sie schreien konnte: »Das will Jenny haben!«

Nach ein paar Tagen wurde dem Jim sonderbar im Bauch. Und in seinem Hals kratzte es. Und in den Ohren kitzelte es. Richtig übel war dem Jim.

Die Mutter holte den Arzt. Der Arzt sagte: »Jim, mach den Mund auf. Ich muß schauen, ob du einen roten Hals hast!«

Der Jim hatte keinen roten Hals. Er hatte einen grünen Hals. Der Arzt starrte in Jims grünen Hals. Er hatte noch nie einen grünen Hals gesehen. Das sagte er aber nicht. Er sagte: »Er brütet etwas aus! Man kann es noch nicht sagen! Warten wir ein paar Tage zu!«

Der Jim wartete zu. Es wurde von Tag zu Tag ärger.

JIM

Auch in der Nase juckte es. Und das Halskratzen wurde immer schlimmer.
So ging das zwei Wochen. Dann erwachte Jim eines Morgens und gähnte und hielt sich beim Gähnen die Hand vor den Mund und spürte, daß da etwas über seine Lippen hing. Er sprang aus dem Bett und lief zum Spiegel. Aus seinen Ohren, aus seiner Nase und aus seinem Mund blitzte es grasgrün. Kleine Blätter waren das!
Die Mutter holte wieder den Arzt. Der Arzt zupfte an Jims Blättern herum, kratzte sich die Glatze und sprach: »Das ist ja eher ein Fall für einen Gärtner!«
So rief die Mutter nach einem Gärtner. Der kam und riß ein Blatt aus Jims rechtem Nasenloch und sprach: »Klarer Fall! Da treibt eine Bohne aus! Das muß eine wunderschöne Bohne gewesen sein!«
Der Jim nickte. Sprechen konnte er nicht, wegen der Blätter im Mund.
Der Arzt sagte: »Ich muß mich erst mit der Ärztekammer beraten!«
Der Gärtner sagte: »Ich muß mich erst mit der Gärtner-Innung beraten!«
Dann gingen der Arzt und der Gärtner, beide kopfschüttelnd, davon.
Von Stunde zu Stunde wuchs mehr und mehr Grünzeug aus Jim. Es wurde immer länger und dichter.
Die Mutter konnte den Jim nicht im Haus behalten. Sie trug ihn in den Garten und setzte ihn ins Rosenbeet.

Rechts und links von ihm schlug sie Stecken in die Erde. Daran band sie die Bohnenranken.
Gott sei Dank war Sommer. Der Jim fror nicht. Manchmal war ihm sogar recht heiß. Dann spritzte ihn die Mutter mit dem Gartenschlauch ab. Manchmal regnete es. Wenn es fürchterlich stark schüttete, kam die Mutter und hielt einen Regenschirm über ihn.

Dann begann der Jim zu blühen. Orangefarben waren seine Blüten.
Und dann kamen die grünen Bohnen aus Jim. Schöne, gerade, hellgrüne Bohnen.
Die Mutter pflückte jeden Tag ein Körbchen voll. Und das Bohnengrünzeug wuchs noch immer weiter. Dunkelgrün und ganz dicht war es jetzt. Jim saß darin wie in einem Zelt. Man konnte ihn fast gar nicht mehr sehen. Manchmal hörte ihn die Mutter husten und niesen, denn es wurde schon Herbst, und die Nächte waren recht kalt.
Eines Morgens waren die Bohnenblätter gelb. Zu Mittag waren sie braun. Und am Abend waren die Blätter ganz verdorrt und fielen zu Boden.
Die Mutter konnte durch die dürren Ranken auf den Jim sehen. Sie winkte ihm zu, dann lief sie zum Gärtner.
Der Gärtner kam, und er wunderte sich überhaupt nicht. »Bohnen sind einjährige Pflanzen«, sagte er. Er holte alle Ranken und Stengel von Jims Kopf und zog sie aus Jims Ohren und Jims Nase und Jims Mund. Das ging leicht und tat dem Jim nicht weh.
Jim ging mit der Mutter ins Haus. Die Mutter öffnete den Küchenschrank. Sie zeigte auf sechzig Einsiedegläser voll grüner Bohnen. Sie sagte: »Jim, die sind alle von dir!«
Von nun an aß der Jim jeden Freitag, wenn die anderen Haferbrei bekamen, seine guten, grünen Bohnen.

Die Jenny saß vor ihrem Haferbreiteller und zeigte auf Jims grüne Bohnen und schrie: »Das will Jenny haben!«
Doch die Mutter sagte bloß: »Jenny, halt den Mund!«

Der Hund geht in die Schule

Etliche Tage wanderte der Hund drauflos und blieb für sich. Höchstens, daß er im Vorbeigehen einen freundlichen Gruß erwiderte oder ein paar Worte mit dem Wirt sprach, wenn er wo einkehrte. Langweilig war dem Hund trotzdem nicht, denn er redete viel mit sich selbst. Mit zweierlei Stimmen redete er, damit die Selbstgespräche nicht zu eintönig wurden. Mit tiefer Brummstimme stellte er sich Fragen. Mit hoher Bellstimme gab er sich Antworten. Und er schaute viel. Blumen, Käfer und Schmetterlinge schaute er gern an. *Mit dem Hirn fotografieren* nannte er das. Am Abend, wenn er in einem Wirtshausbett lag, ordnete er die *Hirnfotos* im Kopf. Eine richtige Kopfkartei von A bis Z legte er sich an. Die Namen aller Blumen, Käfer und Schmetterlinge, die er sah, kannte er leider nicht. Und Bücher, in denen er hätte nachschlagen können, führte er im Reisegepäck nicht mit. So gab er eben allem Unbekannten neue Namen. Einen Käfer taufte er *Tüchtig*, einen *Frau Meier*. Eine Blume nannte er *Rudi*, eine andere *Zuckerschnee*. Schmetterlingen gab er die Namen *Morgenrot* und *Ringelstern*. Am liebsten schaute der Hund aber Wolken an. Die legte er in der Kopfkartei unter *Wehmut* und *Lachsack*, *Windelweich*, *Lebwohl* und *Ich komm wieder* ab.
Einmal, an einem warmen Nachmittag, lag der Hund

lange auf einer Wiese und machte Hirnfotos von weißen Federwölkchen. Er stand erst auf, als die Sonne hinter dem Horizont verschwunden war. Vom langen Liegen war er steif im Kreuz. »Das wird doch kein Hexenschuß werden?« fragte sich der Hund besorgt.
»Könnte leicht sein«, gab er sich zur Antwort. »Wiesen sind immer ein bißchen feucht, und das tut einem alten Hundskreuz nicht gut!«
»Sollte ich mir dann nicht hurtig ein Bett für die Nacht besorgen?« fragte sich der Hund.
»So hurtig wie nur möglich«, gab er sich zur Antwort. »Ein steifes Kreuz gehört auf ein weiches Lager!« (Da irrte der Hund zwar gewaltig, denn ein steifes Kreuz gehört hart gebettet, aber in medizinischen Angelegenheiten war der Hund nicht sehr gebildet.)
Der Hund machte sich auf die Suche nach einem Nachtquartier. Im ersten Gasthof, zu dem er kam, waren alle Zimmer belegt. Im zweiten Gasthof war dem Hund der Zimmerpreis zu hoch. Der dritte Gasthof war *Wegen Umbau geschlossen*. Stockdunkel war es schon, als der Hund zum vierten Gasthof kam. Erleichtert seufzte er, als er an der Tür ein *Zimmerfrei*-Schild sah. Doch gerade, als er die Tür aufmachen wollte, kamen ein dicker Mann und eine dicke Frau zur Tür heraus. Der dicke Mann kratzte sich den Bauch, die dicke Frau kratzte sich den Hintern. »So was von Schweinerei«, rief die dicke Frau dem Hund zu. »Das gehört ja angezeigt«, rief der dicke Mann dem Hund

zu. Und dann erzählten die beiden dem Hund, daß die Fremdenzimmer voll von Flöhen und Wanzen seien. Sie zeigten dem Hund Wanzenbisse und Flohstiche an den Armen und Beinen.
Der Hund bedankte sich für den Hinweis und wanderte weiter. Sein Kreuz wurde immer steifer. Er wickelte sich den Wollschal um den Bauch, weil Wolle wärmt und Wärme gut gegen ein steifes Kreuz ist. Bis gegen Mitternacht lief der Hund im Mondschein dahin. Und das steife Kreuz machte ihm, trotz Wollschal, immer mehr zu schaffen. Gähnmüde war der Hund auch schon. Er beschloß, im nächsten Dorf gleich im ersten Haus – und ganz egal, wer dort wohnte – um ein Nachtlager zu bitten.
»Das ist zwar nicht die feine englische Art«, sagte sich der Hund, »aber wenn ich nicht bald in die Heia komme, kippe ich aus den Latschen und kann mein Kreuz auf den Misthaufen werfen!«
Das erste Haus im nächsten Dorf war eine Schule. Der Hund ging um das Haus herum und leuchtete mit der Taschenlampe in die Fenster. Hinter zwei Fenstern waren Klassenzimnmer, hinter einem waren Klomuscheln, hinter einem war ein Schreibtisch mit einem Stuhl dahinter. Eine Schulwartwohnung, mit einem schlafenden Schulwart im Bett, gab es hinter keinem Fenster. Aber auf der Hinterseite vom Schulhaus stand ein Flurfenster offen.
»Wenn keine Seele im Haus ist«, sprach der Hund zu

sich und stieg durch das offene Fenster ins Haus ein, »dann kann ich leider niemanden um Erlaubnis bitten, hier schlafen zu dürfen.« Der Hund entschied, im Zimmer mit dem Schreibtisch zu schlafen, weil das einen weichen Teppichboden hatte. Er richtete sich das Lager unter dem Schreibtisch. Die Wanderniere nahm er als Kopfkissen, mit dem Schal und dem Mantel deckte er sich zu.

Bevor er einschlief, dachte er: Da es verboten ist, in fremde Häuser einzusteigen, werde ich mich in aller Herrgottsfrühe aus dem Staube machen. Sonst holen die Lehrer die Polizei, und ich lande im Gefängnis!

Doch dann kam es anders: Der Hund verschlief die Herrgottsfrühe. Er wurde erst munter, als eine Glocke unheimlich laut rasselte. Das war die Schulglocke, die den Unterricht einläutete. Der Hund erholte sich zuerst einmal von dem Heidenschreck, der ihm beim Glockengerassel in die Glieder gefahren war, dann schaute er vorsichtig aus seiner Schreibtischhöhle. Er sah, daß die Zimmertür offenstand.

Vor der Tür, auf dem Flur, waren viele Kinder, die umringten einen Bären. Ein Kind fragte den Bären: »Herr Direktor, kommt heute der neue Lehrer?«

Der Bär sagte: »Man hat es versprochen. Da es aber bereits acht Uhr vorbei ist und Lehrer am ersten Arbeitstag selten zu spät kommen, dürfte da wieder einmal was schiefgelaufen sein!«

Der Hund dachte: Ich verdrücke mich lautlos! Ich klettere zum Fenster hinaus! Er nahm sein Reisegepäck in die Pfoten und kroch aus der Schreibtischhöhle.

Sein Kreuz war noch immer recht steif. Er wollte auf

Pfotenspitzen zum Fenster schleichen. Normalerweise war der Hund ein ausgezeichneter Schleicher. Doch mit einem steifen Kreuz ist schlecht schleichen. Der Hund schwankte, stieß mit der Reisetasche gegen den Schreibtisch und mit dem Koffer gegen den Stuhl. Das machte allerhand Lärm. Der Bär drehte sich um, sah den Hund, lief zu ihm und rief: »Ach, da sind Sie ja, Herr Kollege! Willkommen!«

Der hält mich für den neuen Lehrer, dachte der Hund. Aber weil es angenehmer ist, für einen Lehrer gehalten zu werden als für einen Einbrecher, widersprach er nicht.

»Wir sind eine Zwergschule«, sagte der Bär.

»Die Kinder sind doch normal groß«, sagte der Hund.

»Haha, Sie Witzbold«, rief der Bär. Er klatschte dem Hund auf die Schulter. »Ich mag Lehrer mit Witz. Ihr Vorgänger war ein Sauertopf. Darum liegt er jetzt mit der Galle im Spital!«

»Der Arme«, murmelte der Hund. Warum ihn der Bär für einen Witzbold hielt, kapierte er nicht.

»Und welche wollen Sie lieber?« fragte der Bär.

»Mir soll's gleich sein«, murmelte der Hund, weil er schon wieder nicht wußte, was der Bär meinte.

»Dann nehm' ich die Großen, und Sie nehmen die Kleinen«, schlug der Bär vor.

»Mir soll's recht sein«, murmelte der Hund und dachte: Ich werd' schon noch merken, welche Kleinen und welche Großen da gemeint sind.

»Der Sauertopf hat nämlich auch die unteren vier Klassen gehabt«, erklärte der Bär.
Nun wußte der Hund, wer mit den Kleinen und den Großen gemeint war. »Wie weit ist denn mein werter Herr Kollege im Lehrplan vorangeschritten gewesen?« fragte der Hund und freute sich mächtig, einen so vornehmen, gebildeten Satz zuwege gebracht zu haben.
Der Bär überlegte. »Nun ja«, sagte er. »Die erste Klasse war beim Zählen, die zweite beim Einmaleins, die dritte beim Multiplizieren und die vierte beim Dividieren. Aber das werden die Kinder alles wieder vergessen haben. Seit der Sauertopf krank ist, haben wir nur mehr Lieder gesungen. Ich kann ja nicht acht Klassen auf einmal unterrichten!«
Der Bär führte den Hund in ein Klassenzimmer. Zwanzig Kinder saßen dort hinter den Pulten. Die sehr kleinen in der ersten Pultreihe, die etwas größeren in der zweiten, noch größere in der dritten und ziemlich große in der vierten.
»Das ist der Aushilfslehrer«, sagte der Bär zu den Kindern. »Seid nett zu ihm!« Der Bär winkte den Kindern zu und lief aus der Klasse.
Der Hund starrte die Kinder an. Die Kinder starrten den Hund an. Der Hund räusperte sich. »Also, ich bin der Hund!« sagte er.
»Ich bin die Anna«, sagte ein Mädchen in der ersten Pultreihe.

»Angenehm.« Der Hund verbeugte sich vor der Anna.
»Ich bin der Peter«, rief ein Bub aus der letzten Pultreihe.
»Angenehm.« Der Hund verbeugte sich wieder.
»Gar nicht wahr«, riefen zwei Mädchen aus der dritten Pultreihe. »Er heißt Ignaz!«
»Wenn er lieber ein Peter sein mag«, sagte der Hund, »soll's mir genauso recht sein!«
»Dann würd' ich auch lieber eine Carmen sein«, sagte die Anna.
»O. K., Carmen«, sagte der Hund.
Ein Bub in der zweiten Pultreihe hob die Hand.
»Ja, bitte?« fragte der Hund.
Der Bub stand auf. »Wenn ich mir auch einen neuen Namen nehme, welcher Name steht dann im Zeugnis? Der alte oder der neue?«
»Ich mag Zeugnisse nicht«, sagte der Hund.
»Gibt es denn heuer gar kein Zeugnis?« fragte der Bub.
»Doch, leider«, sagte der Hund. »Aber bis zum Schulschluß ist der Sauertopf wieder da, der macht das.«
»Dann muß man bei Ihnen gar nichts lernen?« fragte der Bub.
»Du mußt immer lernen«, sagte der Hund. »Nichts lernen geht nicht. Wenn du bei mir nichts lernen mußt, dann hast du hinterher gelernt, daß es Lehrer gibt, bei denen man nichts lernen muß!«
Der Bub riß erstaunt den Mund auf und glotzte den

Hund an. Dem Hund war das unangenehm. So sagte er schnell, nicht zum Buben, sondern zu allen Kindern: »Wie wär's, wenn ich euch aufzähle, was ihr von mir alles lernen könnt, und ihr sucht euch was aus?«
Nun rissen alle Kinder die Münder auf und glotzten den Hund an.
»Oder soll ich besser irgendwas von euch lernen?« fragte der Hund. Er schaute sich in der Klasse um. Niemand meldete sich. »Na dann«, seufzte der Hund, »tun wir halt dort weiter, wo der Sauertopf aufgehört hat!«
Der Hund konnte natürlich tadellos zählen und malnehmen und teilen. Das Einmaleins konnte er sogar auswendig bis 37 mal 37. Bloß, wie man Kindern die Rechnerei beibringt, wußte er nicht. Und wie er gleichzeitig den einen dies und den anderen jenes erklären sollte, wußte er schon gar nicht. Zeit gewinnen, dachte sich der Hund und sprach: »Nehmt bitte eure Rechenhefte heraus!« (Das hatte seinerzeit sein Lehrer immer gesagt. Daran, fand der Hund, konnte nicht viel falsch sein.) Doch die Kinder hatten keine Hefte mitgebracht. Nur die Singbücher hatten sie mitgenommen, weil sie in den letzten Wochen beim Bären immer gesungen hatten.
Dem Hund fiel ein, daß sein jüngster Sohn gern mit Kugeln gerechnet hatte. Und daß Kirschen wie Kugeln aussehen und daß gerade Kirschenzeit war, fiel dem Hund auch ein.

»Gibt's hier wo einen Gemüseladen?« fragte der Hund.
»Am anderen Ende vom Ort, sagte die Carmen-Anna.
»Dorthin gehen wir jetzt«, sagte der Hund. Er fragte erst gar nicht nach, ob die Kinder das wollten, denn er dachte sich: Die reißen ja ohnehin nur die Mäuler auf und glotzen, wenn man sie nach ihren Wünschen fragt!
Der Bub, der sich für das Zeugnis interessiert hatte, fragte: »Zu welchem Unterrichtsfach gehört In-den-Gemüseladen-Gehen?«
Der Hund antwortete: »Das Hingehen ist Verkehrserziehung, das Einkaufen Konsumverhalten, und das Heimgehen ist Turnen, weil wir auf einem Bein hüpfen werden!«
Der Hund ging mit den Kindern durch das Dorf. Viel Verkehrserziehung konnte er nicht betreiben, weil im Dorf kein Verkehr war. Bloß ein Traktor kam ihnen entgegen, und der fuhr genau in der Straßenmitte. Da erklärte der Hund den Kindern, daß der Traktorfahrer ein Blödhammel sei. Und dem Traktorfahrer schrie er zu: »Rechts halten, du Dolm!«
Bevor der Hund mit den Kindern in den Gemüseladen ging, führte er sie in die Sparkasse und ließ zwei Hundertschillingscheine auf Silberfünfer wechseln.
»Wie viele Silberlinge kriegen wir da?« fragte er die Kinder. »Vierzig«, sagte ein Bub aus der vierten Klasse.
»Und wie viele Kinder seid ihr?« fragte der Hund ein Mädchen aus der ersten Klasse.

»Weiß ich nicht«, sagte das Mädchen.
»Zähl halt nach«, riet der Hund.
Das Mädchen zählte nach. Von eins bis zwanzig zählte es.
»Und wie viele Fünfer kriegt jeder, wenn wir vierzig haben und zwanzig sind?« fragte der Hund.
»Zwei mal zwanzig ist vierzig«, rief ein Bub aus der dritten Klasse.
Der Hund nickte und gab jedem Kind zwei Silberfünfer.
Dann gingen sie in den Gemüseladen. Dort gab es gelbe, hellrote und dunkelrote Kirschen. Der Hund hielt einen Vortrag über Kirschen. Über süße und saure, faulige und wurmige, mit Chemie gespritzte und biologisch reine.
Der Gemüsefrau gefiel das nicht. »Wollen Sie meine Ware schlechtmachen?« fragte sie mißtrauisch. Und als der Hund die Kinder bat, von jeder Kirschsorte zu kosten, um sich für eine entscheiden zu können, wurde die Gemüsefrau stocksauer. »Auf solche Kundschaft kann ich mit Handkuß verzichten«, rief sie.
»Werte gnädige Frau«, sagte der Hund zur Gemüsefrau. »Wir sind keine Kundschaft, wir halten hier eine Schulstunde ab.«
»Eine Schulstunde bei mir?« staunte die Gemüsefrau.
»Natürlich«, sagte der Hund. »Gemüse gehört zum Leben! Das ist wichtig für die Kinder!«
Da sagte die Gemüsefrau nichts mehr. Brav wog sie

jedem Kind ein Viertelkilo Kirschen ab, nahm Fünfer und gab Groschen zurück. Sie murrte nicht einmal, als der Hund zu den Kindern sagte: »Und zählt das Wechselgeld nach, denn Kinder werden gern beschissen!«

Dann hüpften der Hund und die Kinder auf einem Bein, abwechselnd dreizehn Sprünge auf dem rechten und dreizehn auf dem linken, zur Schule zurück. Weil die Sonne schien, blieb der Hund mit den Kindern im Schulhof und lehrte sie Kirschkernspucken. Sieger im Weitspucken wurde der Tarzan-Gottlieb aus der vierten Klasse. Er schaffte eine Weite von zwölf Metern, siebzehn Zentimetern und drei Millimetern. Leider waren nach dem Wettkampf alle Kirschen verbraucht. Für eine Rechenstunde war keine einzige mehr übrig.

Ach was, dachte sich der Hund, die Kinder haben in der Sparkasse Geld gezählt und Kinder gezählt, Fünfer durch Kinder geteilt und Kinder mal Münzen genommen! Sie haben im Gemüseladen das Wechselgeld kontrolliert, beim Spucken die Weiten auf den Millimeter genau genommen und beim Heimhüpfen die Dreizehner-Reihe wiederholt. Das ist genug Rechnerei für einen Tag!

»Schluß für heute«, sagte der Hund zu den Kindern.

Die Kinder liefen heim, und der Hund sammelte die Kirschkerne auf, was ihm im Kreuz, das noch immer ein bißchen steif war, ziemlich weh tat. Aber daß Kinder nicht gern aufräumen, wußte der Hund. Und

daß Kinder keine Leute mögen, die sie zum Aufräumen zwingen, wußte der Hund auch.
Und irgendwie – er wußte nicht genau warum – wollte er, daß ihn die Kinder in guter Erinnerung behielten.
Der Hund verließ die Schule. Am Hauptplatz entdeckte er einen hübschen Gasthof. Er mietete sich ein Zimmer und legte sich ins Bett. Wegen dem Kreuz. Das wollte er bis morgen früh ganz auskurieren, um dann flott weiterwandern zu können.
Am nächsten Morgen war das Kreuz vom Hund wieder tadellos in Ordnung. Und einen Riesenhunger hatte der Hund. Er ging in die Wirtsstube hinunter und bestellte sich beim Wirt ein Frühstück mit Speckeiern und Käse und Kaffee und Himbeermarmelade.
Der Hund mampfte sein Frühstück voll Behagen. Die Wanderkarte hatte er dabei auf dem Tisch liegen.
Er überlegte, wohin er gehen sollte.
Er entschloß sich, nach Süden zu gehen, weil da auf der Karte, in einem Tagmarsch Entfernung, ein großer See eingezeichnet war. An großen Gewässern, dachte der Hund, tut sich immer allerhand, da könnte man mich brauchen. Als Rundfahrthund. Oder als Rettungsschwimmhund.
Als der Hund von der Wanderkarte hochschaute, standen die Carmen-Anna aus der ersten Pultreihe und die Lolita-Eva aus der dritten Pultreihe vor ihm.
»Wie kommt denn ihr hierher?« fragte der Hund erschrocken.

»Wir sind die Töchter vom Wirt«, sagte die Carmen-Anna, und die Lolita-Eva sagte: »Wir müssen los, Herr Lehrer, es ist gleich acht Uhr!«
»Lauft voraus«, sagte der Hund. Er wurde rot im Gesicht, weil er sich für die Lüge schämte. Aber das konnte man nicht sehen, da er im Gesicht behaart war.
»Bevor Sie in der Schule sind«, sagte die Carmen-Anna, »versäumen wir sowieso nichts!«
»Ich hol' euch ein«, sagte der Hund. »Ich lauf schneller!«
»Garantiert nicht«, sagte die Lolita-Eva. »Wir sind die schnellsten Renner der Gegend. Uns holt keiner ein!«
Und der Wirt rief vom Ausschank her: »Ehrlich! Nichts gegen Ihre Laufgeschwindigkeit, Herr Lehrer. Aber meine Töchter sind Ihnen über!«
Der Hund merkte: Da gibt es kein Entrinnen! Er wischte sich das Maul und stand auf. Muß ich eben noch einen Schultag zulegen, dachte er. Besser für vier Stunden Lehrer als für vier Monate im Arrest!
(Der Hund hatte sich ja jetzt schon doppelt strafbar gemacht. Nicht nur, daß er in die Schule eingestiegen war, er hatte sich auch als Lehrer ausgegeben. *Amtsanmaßung*, schätzte der Hund, hieß dieses Vergehen.) Der Hund lief mit den Wirtstöchtern zur Schule. Obwohl er einen rasanten Endspurt einlegte, kamen die Carmen-Anna und Lolita-Eva mit drei Hundslängen Vorsprung beim Schultor an. Dort stand der Bär und wedelte mit einem Brief.

»Kollege, schauen Sie sich das an«, rief der Bär. »Die Schulbehörde ist irr und wirr!« Er hielt dem Hund den Brief unter die Schnauze.
Der Hund las: »... können wir Ihnen leider erst in drei Wochen einen Aushilfslehrer schicken ...«
»Da weiß ja eine Abteilung nicht, was die andere tut«, rief der Bär. »Die schicken einen Lehrer und schreiben gleichzeitig, daß sie keinen schicken können!«
Der Hund war froh, daß die Schulglocke zu rasseln anfing. So konnte er in seine Klasse gehen und brauchte nicht weiter mit dem Bären über den Brief reden.
»Heute«, sagte der Hund zu den Kindern, »machen wir einen Aufsatz. Die, die schreiben können, schreiben ihn, wer noch nicht schreiben kann, erzählt ihn mir!«
»Über welches Thema?« fragte die Desirée-Rosa.
»Na, über irgendwas Supertolles«, sagte der Hund. »Was habt ihr denn in letzter Zeit an Supertollem erlebt?«
Die Carmen-Anna rief: »Heut früh, das Wettrennen!«
Der Peter-Ignaz rief: »Gestern vormittag, das Kirschenkaufen!«
»Und sonst?« Der Hund war ein bißchen enttäuscht.
Die Kinder sagten, sonst hätten sie leider noch nichts Supertolles erlebt. Ihr Leben sei eher langweilig. Da passiere nicht viel.
Der Hund dachte nach. »Dann müssen wir«, meinte er,

»zuerst einmal etwas Supertolles erleben, damit wir hinterher darüber einen Aufsatz machen können. Was wäre denn supertoll?«
»Ein Flug zum Mond!« rief ein Bub.
»Die nehmen uns leider nicht mit«, sagte der Hund.
»Wir fangen einen Bankräuber«, rief ein Kind.
»So schnell finden wir keinen«, sagte der Hund.
»Wir suchen einen Schatz«, rief ein Kind.
»Wo?« fragte der Hund.
»Keine Ahnung«, sagte das Kind.
»Ich leider auch nicht«, sagte der Hund.
»Wir treffen ein Gespenst« , rief ein Kind.
»Ja, ja«, riefen alle Kinder. »Ein Gespenst ist supertoll!«
»Gut«, sagte der Hund. »Treffen wir ein Gespenst. Zufällig wohnt eines im Schulkeller!«
Der Hund führte die Kinder aus der Klasse. Auf Zehenspitzen schlichen sie in den Keller hinunter. Als alle Kinder im Keller unten waren, drehte der Hund das Licht aus, weil ein Gespenst nur im Stockdunklen mit sich reden läßt.
»Wertes Gespenst, entschuldigen Sie die Störung Ihrer Tagesruhe«, brummte der Hund ins Stockdunkle hinein.
Dann winselte er leise.
Dann brummte er: »Meine Schüler möchten Sie kennenlernen!«
Dann winselte er wieder.

Dann brummte er: »Also, wenn Sie bloß winseln, verstehen wir Sie nicht!«
»Pardon«, sagte der Hund mit hoher Winselstimme, »vor lauter Einsamkeit bin ich ans Reden nicht mehr gewohnt!«
Der Hund brummte: »Warum bleiben Sie im Keller, kommen Sie zu uns rauf, da haben Sie Gesellschaft!«
Der Hund winselte: »Ein Gespenst darf nicht ans Licht!«
Der Hund brummte: »Was für ein Gespenst sind Sie eigentlich?«
Der Hund winselte: »Das hab' ich leider vergessen!«
Der Hund brummte: »Können wir Sie vielleicht erlösen?«
Der Hund winselte: »Ja doch, das wär' fein!«
Der Hund brummte: »Was müssen wir da tun?«
Der Hund winselte: »Das habe ich leider auch vergessen!«
Die Kinder lauschten mit angehaltenem Atem, aber dem Hund wurde sein Zwiegespräch schon langsam langweilig. So brummte er: »Na schön! Wenn Sie alles vergessen haben, dann können wir Ihnen eben nicht helfen, dann gehen wir wieder hinauf! Guten Tag!«
Die Kinder protestierten.
Das Gespenst tat ihnen leid. Sie wollten es unbedingt erlösen.
Wie, fragte sich der Hund, erlöst man ein Gespenst, das es gar nicht gibt. Während er das überlegte, summte

ihm eine fette Schmeißfliege, die sich in den Keller verirrt hatte, um die Schlappohren. Der Hund, ein versierter Fliegenfänger, grapschte sich die lästige Fliege vom Ohr. Als er die Fliege in der Faust hielt, bekam er einen Einfall.

»Gespenst«, brummte er. »Erlösen können wir dich nicht, weil du Dolm keine Ahnung mehr hast, welcher Fluch auf dir lastet. Aber wir werden dich verwandeln. In eine fette Fliege. Dergestalt mußt du das Tageslicht nicht mehr scheuen und kannst auf ewig in der weiten Welt herumfliegen. Willst du das?«

»Das wäre supertoll«, winselte der Hund.

»Dann wollen wir den Verwandlungsspruch aufsagen«, brummte der Hund und sprach den Kindern vor: »Arme Gespenster besiegen
als fette Fliegen
Finsterqual und Kellernot,
sumsen heiter ins Abendrot,
sind nicht traurig, nicht allein,
dürfen sich des Lebens freun!«

Die Kinder sagten dem Hund Zeile für Zeile nach, der Hund stieß einen »erlösten« Winsler aus und knipste das Kellerlicht wieder an.

»Wo ist die Fliege?« riefen die Kinder.

Der Hund zeigte ihnen seine rechte Vorderfaust. Die Kinder legten ein Ohr an die Faust, sie hörten die Fliege sumseln und surren und waren glücklich darüber.

Der Hund ging mit den Kindern in die Klasse zurück. Er stellte sich zum Lehrertisch und öffnete die Faust. Die fette Fliege flog hoch, drehte drei Runden um die Deckenlampe und sauste zum Fenster hinaus.
»Supertoll!« riefen die Kinder.
Die Großen setzten sich hin und schrieben einen Aufsatz mit dem Titel: *Wie wir aus dem Gespenst eine Fliege machten*.
Die Kleinen hockten sich um den Hund herum und erzählten ihm die Geschichte *Vom Fliegengespenst*.
Zehn Kinder erzählten dem Hund die Geschichte und alle zehn schworen Stein und Bein, das Gespenst gesehen zu haben. Riesengroß sei es gewesen, sagten sie, und unheimlich dick. Und geschwabbelt habe es wie Zitronenpudding.
Eigentlich wollte sich der Hund gleich zu Mittag, nach der Schule, aus dem Staube machen. Doch weil er den Kindern versprochen hatte, die Aufsätze zu lesen und unter jeden Aufsatz einen großen roten Einser zu schreiben, ging der Hund noch schnell in den Gasthof zurück, borgte sich vom Wirt einen roten Kugelschreiber, setzte sich in sein Zimmer und las die Aufsätze und malte die Einser. Fehler verbesserte er nicht, denn er dachte sich: Ich werde doch nicht die schönen Aufsätze mit lauter roten Kraxeln verpatzen!
Dann schrieb der Hund noch einen Brief an die Kinder.
Er schrieb:

Liebe Schüler,
so liebe Schüler wie Euch
habe ich noch nie gehabt und
werde ich auch sicher nie mehr
bekommen. Leider muß ich Euch
schon heute verlassen ...

Als der Hund mit dem Brief soweit gekommen war, legte er den Kugelschreiber weg, sagte zu sich: »Kinder belügt man in wichtigen Angelegenheiten nicht«, zerknüllte den Brief und schrieb einen neuen.
Er schrieb:

Liebe Schüler,
ich bin gar kein Lehrer.
Ich bin nur ein gewöhnlicher
Wanderhund. Nehmt es mir bitte
nicht übel. Es war sehr nett bei
Euch.
Euer Hund,
der Euch nie vergessen wird.

Der Hund lief in die Wirtsstube, um sich vom Wirt ein Kuvert für den Brief zu holen. Aber der Wirt hatte kein Kuvert. So lief der Hund ins Kaufhaus.
Die Verkäuferin dort schenkte dem Hund das Kuvert. Sie sagte: »Mein Sohn, der Ignaz, geht zu Ihnen in die Klasse. Er hat mir erzählt, daß Sie ein ganz supertoller Lehrer sind!«

Als der Hund mit dem Briefkuvert in sein Zimmer zurückkam, saßen die Carmen-Anna und die Lolita-Eva auf seinem Bett. Sie schauten traurig.
»Wir wollten dir Blumen bringen«, sagte die Carmen-Anna.
»Damit du es gemütlich hast«, sagte die Lolita-Eva.
»Und da haben wir den Brief gelesen«, sagte die Carmen-Anna.
»Weil er ja auch an uns geschrieben ist«, sagte die Lolita-Eva.
Der Hund senkte den Kopf und starrte seine Hinterpfotenspitzen an. Er schämte sich schrecklich.
»Uns stört es nicht, daß du kein gelernter Lehrer bist«, sagte die Carmen-Anna.
»Und den anderen Kindern ist es sicher auch wurscht«, sagte die Lolita-Eva.
»Wir haben dich nämlich sehr, sehr lieb«, sagte die Carmen-Anna.
Der Hund war gerührt. Er holte sein Taschentuch aus der Wanderniere und schneuzte sich.
»Bleib wenigstens noch eine Woche bei uns«, bat die Lolita-Eva.
»Wenigstens morgen noch!« bat die Carmen-Anna.
»O. K.«, brummte der Hund, wischte sich zwei Tränen der Rührung aus den Augen und steckte das Taschentuch in die Wanderniere zurück. »Aber wirklich nur morgen noch!« Leuten, die ihn liebhatten, konnte der Hund einfach keine Bitte abschlagen.

Der Hund blieb noch zehn Tage Lehrer, weil ihn die Kinder jeden Tag baten, noch einen Tag – einen einzigen Tag – zuzulegen. Alle Kinder in seiner Klasse wußten, daß er kein richtiger Lehrer war. Die Carmen-Anna und die Lolita-Eva hatten es ihnen erzählt, und sie hatten geschworen, niemandem davon zu erzählen. Die Kinder hielten den Schwur und hatten es mit dem Hund sehr schön. Fast jeden Tag machten sie einen Lehrausflug. Einmal gingen sie in die Bäckerei und lernten Brot und Kipferln backen. Einmal gingen sie in die Gärtnerei und lernten Blumen umtopfen. In die Schneiderei, zum Schuster und auf einen Bauernhof gingen sie auch. Einmal setzten sie im Schulhof Bäume. Für jedes Kind einen Baum. Einmal malten sie mit dicken Pinseln die häßlichen, grauen Mauern vom Schulhaus himmelblau an. Lieder pfeifen lehrte der Hund die Kinder auch! Aber er vergaß auch nicht das Rechnen und Schreiben und Lesen.
Wenn man ausrechnen muß, wieviel Malfarbe man für ein ganzes Schulhaus braucht und wieviel Sauerteig auf dreizehn Kilo Roggenmehl kommt und wieviel Stoff man für sieben Hosen braucht, kommt man am Rechnen einfach nicht vorbei. Und da die Kinder immer aufschrieben, was sie erlebt hatten, kam auch das Schreiben nicht zu kurz. Und jeden Abend setzte sich der Hund hin und schrieb eine Geschichte aus seinem Leben auf. Die lasen die Kinder dann am nächsten Tag.

Am zwölften Schultag vom Hund regnete es in Strömen. Darum machte der Hund mit den Kindern keinen Lehrausflug. Er blieb mit ihnen in der Klasse und erzählte ihnen ein bißchen von seiner Kopfkartei und von all den Wolken, die er darin gesammelt hatte. Die Kinder und der Hund standen bei den Klassenfenstern, während der Hund erzählte, weil die Kinder auch Wolken *mit dem Hirn fotografieren* wollten. Leider war der Himmel aber einfarbig dunkelgrau, und nirgendwo war eine einzelne Wolke zu sehen. Leider war etwas ganz anderes zu sehen: Ein Auto kam zur Schule gefahren. Das Auto hielt vor der Schule. Ein Mann sprang aus dem Auto, spannte einen Regenschirm auf und lief auf das Schultor zu. Der Mann war lang und dürr und, seinem Gesicht nach, ein Halbesel. Oder ein Halbmensch. Je nachdem, wie man die Sache ansah.

Der Hund sagte leise zu den Kindern: »Vielleicht ist das ein Vater, der nachfragen kommt!«

Die Kinder schüttelten die Köpfe. Sie kannten die Väter ihrer Mitschüler. Auch die von den Kindern der anderen Klasse. »Der ist nicht von hier«, sagten sie.

Dann standen die Kinder und der Hund ganz still. Sie waren so still, daß sie das Schultor quietschen hörten, als der Mann die Schule betrat. Sie hörten seine Schritte über den Flur quietschen, hörten ihn die Tür zur Direktion aufmachen und rufen: »Wo ist denn der Direktor?«

»Ich komme ja schon! Wo brennt's denn?« hörten sie die Stimme vom Bären, und dann kamen seine Taptap-Schritte aus der Nachbarklasse.
Der Bär lief in die Direktion.
Die Kinder und der Hund hielten den Atem an.
Leise schlichen sie zur Tafelwand.
Dahinter war die Direktion. Und die Tafelwand war bloß eine dünne Gipsmauer. Als ob sie einem Radiohörspiel lauschten, hörten sie, was nebenan gesprochen wurde.
»Sie wünschen, bitte?« fragte der Bär.
»Ich komme von der Schulbehörde«, sagte der Mann.
»Freut mich sehr«, sagte der Bär.
»Wir haben da«, sagte der Mann, »einen Brief des hiesigen Elternvereins erhalten. Er will, daß der neue Lehrer hierorts fest angestellt wird, statt des erkrankten Kollegen!«
»Ja doch«, sagte der Bär. »Da steh' ich voll dahinter. Die Kinder haben ihn sehr lieb. Der Kollege ist nämlich einsame Spitze!«
»Wir haben Ihnen aber gar keinen neuen Lehrer geschickt«, sagte der Mann.
Der Bär lachte dröhnend los. »Sie sind mir vielleicht ein Klugscheißer«, rief er. »Seit zwei Wochen ist der neue Lehrer bei uns. Glauben Sie vielleicht, daß im Nebenzimmer eine Fata Morgana steht?«
»Falls dort irgendwer steht«, rief der Mann, »dann ist das ein Schwindler! Laut Brief des Elternvereins ist der

neue Lehrer überdies ein Hund. Wir haben jedoch im ganzen Schulbezirk keinen einzigen Hund als Lehrer angestellt!«
»Da legst dich nieder!« staunte der Bär.
»Sie haben«, rief der Mann, »die Schüler einem Scharlatan anvertraut! Das Hundssubjekt wird eingelocht! Die Polizei ist schon verständigt! Und für Sie wird das auch Folgen haben!«
»Kinder, ich muß weg«, flüsterte der Hund den Kindern zu, als er dies erlauscht hatte.
»Aber nicht zum Tor raus«, flüsterte die Carmen-Anna. »Denn vielleicht steht dort schon die Polizei!«
»Ich geh' durchs Fenster«, flüsterte der Hund.
»Nur ja nicht!« Der Ignaz-Peter hielt den Hund am Schwanz zurück. »Da sieht man dich vom Direktionsfenster aus!«
»Wir müssen dich verstecken«, sagte die Lolita-Eva.
In der Klasse war bloß der Schrank, der als Versteck groß genug für den Hund war. Im Schrank, in den Fächern, lagen Malfarben und Hefte, Tafelkreide und Landkarten, Kleisterdosen und Buntpapier und Radiergummis und Buntstifte.
Der Hund wollte nicht in den Schrank. Er fand es unwürdig, sich vor dem Halbesel zu verstecken. Weil er aber vor lauter Angst hinteres Knieschlottern hatte, schafften es die Kinder trotzdem, ihn zum Schrank zu ziehen.
Ein Kind machte die Schranktür auf, zwei Kinder ho-

ben das unterste Fachbrett hoch, drei Kinder schubsten den Hund in den Schrank, vier Kinder drückten die Schranktür zu, der Peter-Ignaz sperrte den Schrank

ab und steckte den Schlüssel in die Hosentasche und rief: »Jetzt alles auf die Plätze!«
Kaum saßen alle Kinder hinter den Pulten, kam der Behördenmann mit dem Bären in die Klasse.
»Wo ist der Hund?« fragte der Behördenmann. Die Carmen-Anna stand auf. Sie machte ein Unschuldsengelsgesicht.
Sie sagte: »Bitte, der Herr Lehrer ist wie der geölte Blitz zur Tür raus!«
»Aufs Klo, glaub' ich!« Der Ignaz-Peter zeigte Richtung Klo. »Wahrscheinlich hat er Bauchweh!«
Der Behördenmann sauste aus der Klasse, dem Klo zu. Als er innen sah, daß das Klofenster offenstand, schwang er sich durch das offene Fenster und brüllte: »Mir nach! Weit kann er noch nicht gekommen sein!«
Hinter der Schule war eine große Wiese, und hinter der Wiese begann ein Wald. Am Ende der Wiese, dort wo der Wald anfing, stand jemand. »Herr Direktor, so kommen Sie doch schon!« brüllte der Behördenmann.
Der Bär marschierte ins Klo. Die Kinder drängten hinter ihm her. Der Bär schaute zum Klofenster hinaus. »Stehe zu Diensten«, sagte er freundlich zum Behördenmann.
»Stehen Sie nicht, rennen Sie lieber«, brüllte der Behördenmann. Er zeigte zum Waldrand hin. »Ist der dort der Hund?«
Der Bär kniff die Augen zusammen, um besser sehen zu können. Die Gestalt am Waldesrand hatte einen

blitzblauen Hut auf dem Kopf. So einen blitzblauen Hut, das wußte jeder im Dorf, trug nur der alte Widder, der vom Pilzesuchen lebte.
»Der Regen verschleiert mir zwar die gute Sicht«, sagte der Bär, »aber ich denke, das könnte sehr wohl der Hund sein!«
»Was zaudern Sie dann noch?« brüllte der Behördenmann. Er spannte seinen Regenschirm auf und rannte los. Über die Wiese, dem blitzblauen Hut zu.
Der Bär seufzte und kletterte aufs Fensterbrett. »Werd' ich halt auch ein bißchen Sport betreiben«, murmelte er. Bevor er aus dem Fenster stieg, sagte er zu den Kindern: »Und ihr geht in die Klasse zurück und räumt euren Schrank aus, verstanden?«
»Verstanden!« riefen die Kinder, wieselten in die Klasse. Der Peter-Ignaz wollte den Schrank aufsperren, doch der Schlüssel war nicht mehr in seiner Hosentasche. Die Hosentasche hatte ein Loch. Der Schlüssel mußte durch das Loch gefallen sein. Die Kinder suchten verzweifelt den Fußboden ab. Den in der Klasse, den auf dem Flur und den im Klo. Aber weil sie so schrecklich aufgeregt waren und sich auch beim Suchen gegenseitig im Wege standen, fanden sie den Schlüssel nicht.
»Das bringt nichts«, rief die Lolita-Eva, »wir müssen den ganzen Schrank wegtragen!«
Vorsichtig kippten die Kinder den Schrank. Sieben Kinder packten ihn an der rechten Seite, sieben an der

linken. Drei packten die Fußleiste, drei die obere Schrankkante. Der Schrank war ziemlich schwer, aber zwanzig Kinder haben zusammen allerhand Kraft, wenn sie etwas unbedingt schaffen wollen.
Die Kinder schleppten den Schrank aus der Schule.
»Und wohin jetzt?« keuchte der Peter-Ignaz.
»Zu uns heim«, keuchten die Carmen-Anna und die Lolita-Eva. »Da ist er in Sicherheit!«
Sie schleppten den Schrank durch den dichten Regen zum Gasthof. Die paar Leute, die ihnen entgegenkamen, wunderten sich nicht, die dachten bloß: Ach, da findet wieder ein Lehrausflug statt! Waschelnaß waren die Kinder, als sie den Schrank in der Wirtsstube abstellten.
»Was bringt ihr denn da?« fragte der Wirt.
Die Carmen-Anna flüsterte dem Wirt ins rechte Ohr: »Den Hund! Er ist kein echter Lehrer!«
Die Lolita-Eva flüsterte dem Wirt ins linke Ohr: »Die Behörde ist hinter ihm her!«
Der Wirt nickte. »Ach so«, sagte er laut. »Den Schrank schenkt ihr mir! Für den alten Kram im Schuppen! Das ist lieb von euch, Kinder! Dann tragt ihn auch gleich in den Schuppen! Ich zeig' euch den Weg!«
Der Wirt ging mit den Kindern in den Schuppen. Die Kinder stellten den Schrank wieder auf. Der Wirt nahm ein Stemmeisen und brach die Schranktür auf.
Hundserbärmlich schaute der Hund aus! Rot-gelb-blau gefleckt war sein Fell und total mit Kleister

eingesaut. Die Farbtiegel und die Kleistertöpfe waren beim Transport kaputtgegangen.
Ächzend kletterte der Hund aus dem Schrank. An seinen Pfoten klebten Löschblätter, sein Schwanz war mit Kreidestücken gespickt, von seinen Ohren flatterten Landkartenfetzen, aus seinem Bauchfell baumelten Buntstifte, und um die Nase herum hatte er – wie Warzen – lauter Radiergummis.
»Unter die Dusche mit ihm«, rief der Wirt. »Sonst verhärtet sich das Zeug noch!« Und zu den Kindern sagte er: »In die Schule zurück mit euch, aber dallidalli!«
Die Kinder wollten beim Hund bleiben. Sie wollten ihn waschen und fönen und trösten. Doch der Wirt jagte sie aus dem Haus. »Seid keine Idioten«, sagte er. »Wenn der Behördenmann merkt, daß ihr hier seid, ist ihm doch gleich klar, daß der Hund nicht weit sein kann!«
Das sahen die Kinder ein. Sie liefen brav zur Schule zurück und hockten wieder sittsam hinter ihren Pulten, bevor der Bär und der Behördenmann aus dem Wald zurück waren.
Der Wirt duschte den Hund sauber. Die Wirtin fönte ihn trocken. Der Wirt wickelte den Hund in ein Badetuch. Die Wirtin wusch seine Klamotten. Der Wirt brachte dem Hund ein belegtes Brot. Die Wirtin brachte ihm eine Tasse Kraftbrühe. Der Wirt sagte: »Tut mir leid für Sie! Wir mögen Sie alle hier!«

Der Hund fragte schüchtern: »Und Sie sind mir gar nicht gram, daß ich kein gelernter Lehrer bin?«
Die Wirtin sagte: »Ach was! Auf gelernt kommt es nicht immer an! Sie sind eben ein Naturtalent!«
»Aber davon verstehen Behörden ja nichts«, sagte der Wirt.
Dann brachten die Wirtsleute den Hund in ihr Schlafzimmer. Der Hund war von all der Aufregung sehr müde. Er legte sich ins Ehebett, ließ sich zudecken und schlief ein.

Gegen Mittag kam der Polizist ins Gasthaus. »Es ist wegen dem Lehrer«, sagte er seufzend. »Wegen dem, den unsere Kinder so gern haben!«
»Was ist mit ihm?« fragte der Wirt.
»Gegen ihn liegt ein Haftbefehl vor«, sagte der Polizist. »Ich muß alle Häuser im Dorf nach ihm absuchen!«
»Unser Haus auch?« fragte die Wirtin.
»Natürlich«, sagte der Polizist. »Ich gehe dabei systematisch vor. Ich fange bei Hausnummer eins an. Pro Haus werde ich garantiert fünfzehn Minuten brauchen!« Der Polizist zwinkerte dem Wirt und der Wirtin zu und verließ die Wirtsstube.
»Da wir Hausnummer 24 haben …« sagte der Wirt zu seiner Frau, »… kann der Hund noch lange schlafen«, sagte die Wirtin zu ihrem Mann.

Am späten Nachmittag fuhr ein Traktor aus dem Hof vom Wirtshaus. Auf dem Traktor saß der Wirt. Auf dem Anhänger, oben auf einem riesigen Heuhaufen, saßen die Carmen-Anna und die Lolita-Eva. Gerade als der Polizist durch die Vordertür das Wirtshaus betrat, fuhr der Traktor zum hinteren Tor hinaus.
Bis weit vor das Dorf fuhr der Traktor. Bei einem Güterweg machte er halt. Der Hund – samt Borsalino, Reisetasche, Koffer, Wanderniere und Schal – kroch aus dem Heu. Er rief dem Wirt »besten Dank« zu, warf den Wirtstöchtern eine Kußhand zu und bog in den Güterweg ein. Der Traktor machte kehrt, die Carmen-Anna und Lolita-Eva, oben auf dem Heuhaufen, weinten bitterlich hinter dem Hund her.
Der Hund marschierte den Güterweg entlang. Ihm war auch nach Tränen zumute. Ganz einsam und verlassen kam er sich vor. Er versuchte ein Lied zu pfeifen, um sich ein wenig aufzuheitern, aber jeder Pfiff wurde ein Schluchzer.
Plötzlich war hinter dem Hund Motorenlärm. Ein Auto kam gefahren. Der Hund drehte sich nicht um. Er war sich ganz sicher: Das ist der Polizist! Jetzt werde ich verhaftet!
Der Hund versuchte gar nicht, sich im Gebüsch am Wegrand zu verstecken. Er stellte sein Gepäck ab, hob die Vorderpfoten und wartete auf seine Verhaftung.
Das Auto hupte, brauste auf den Hund zu und blieb neben dem Hund stehen.

»Steigen Sie ein«, rief der Bär zum Wagenfenster hinaus.
Der Hund tat sein Gepäck in den Kofferraum und setzte sich neben den Bären. Der Bär gab Gas und fuhr weiter. Der Hund dachte, der Bär wolle bloß eine geeignete Stelle zum Wenden suchen. Als sie aber bereits an einem Dutzend Stellen vorbeigefahren waren, die zum Wagenwenden tadellos geeignet gewesen wären, dämmerte dem Hund, daß ihn der Bär gar nicht ins Dorf, zur Polizei, zurückbringen wollte. Aber zu fragen, wohin der Bär mit ihm fuhr, wagte er nicht.
Der Bär fuhr drauflos, bis der Güterweg bei einer kleinen Waldlichtung aufhörte. Er stieg aus dem Wagen und holte ein riesiges Bündel aus dem Kofferraum. Das Bündel war ein Zelt. Der Bär begann das Zelt aufzustellen. Er sagte vergnügt: »Hier bleiben wir, bis Gras über die Sache gewachsen ist! Dann ziehen wir weiter. Sind Sie einverstanden, werter Hund?«
»Wir?« fragte der Hund.
»Natürlich nur, wenn Sie nichts gegen meine Begleitung einzuwenden haben«, sagte der Bär.
»Aber Sie müssen doch in die Schule zurück«, sagte der Hund.
Der Bär schüttelte den Schädel. »Man hat mich vorübergehend vom Dienst suspendiert«, sagte er. »Wegen Kurzsichtigkeit. Weil ich einen Widder nicht von einem Hund unterscheiden kann. Und wegen Schlampigkeit. Weil ich nicht weiß, wohin der Klassenschrank

gekommen ist. Das muß alles erst geklärt werden. Und die Behörden klären langsam. Und in einem halben Jahr wär' ich ohnehin in Pension gegangen. Und das Leben ist zu schade, um es im Lehnstuhl zu versitzen, bis ein paar Halbaffen irgendeinen Unfug geklärt haben!«

»Ganz meine Ansicht«, sagte der Hund und half dem Bären beim Zeltaufstellen. Der Bär stimmte ein fröhliches Lied an, und der Hund pfiff dazu die zweite Stimme, ohne einen einzigen Schluchzer pfiff er.

Die Kummerdose

Es war einmal ein kleiner Junge, der hatte großen Kummer. Jo hieß der kleine Junge mit dem großen Kummer. Immer wenn der Jo ganz traurig war, setzte er sich in den Hof zu den Abfalltonnen und weinte. Dort war er ganz allein. Dort störte ihn niemand. Dort war sein Kummerplatz. Aber einmal, als der Jo auf seinem Kummerplatz saß, kam die Frau Pribil mit ihrer Einkaufstasche und ihrem Mistkübel in den Hof. Sie leerte den Mist in die Abfalltonne und sah den Jo. Und merkte, daß er weinte. »Hast du Kummer, Jo?« fragte sie. Der Jo nickte. Sprechen konnte er wegen der Tränen nicht. Sie machten ihm den Hals so eng, daß kein Wort durchkam. Die Frau Pribil beugte sich zum Jo und sagte leise: »Du, Jo! Kummer kann man wegbekommen! Ehrlich!«

Der Jo schüttelte den Kopf. Den meinen nicht, sollte das heißen. Meiner ist zu groß!

»Doch«, sagte die Frau Pribil. Sie kramte in ihrer Einkaufstasche, holte eine Dose heraus und klappte sie auf. Die Dose war außen golden und innen grün. Sie hielt dem Jo die aufgeklappte Dose unter die Nase. »Kummer sitzt im Bauch«, sagte sie. »Man kann ihn heraushusten! Du mußt den Kummer in die Dose hineinhusten. Dann klappe ich den Deckel zu, und der Kummer ist eingesperrt!«

Der Jo glaubte das nicht, aber er wollte die Frau Pribil nicht kränken. So hustete er ein bißchen in die Dose hinein. »Du hustest zu schwach«, sagte die Frau Pribil. »So geht das nicht! Du mußt husten, daß dein ganzer Bauch wackelt und die Rippen krachen!«
Da hustete der Jo keuchhustenstark! Sein Bauch wackelte, seine Rippen krachten, sein Kopf wurde ganz rot. Er bekam ein heißes Gefühl im Bauch, es drückte in der Brust, dann würgte es im Hals, und dann kam ein häßlicher, zischender, sehr hoher, schriller Ton aus seinem Mund.
»Na, siehst du!« rief die Frau Pribil und klappte geschwind die Dose zu. »Jetzt haben wir ihn!«
»Echt?« fragte der Jo.
»Na, du mußt doch merken, wie es dir geht, oder?« fragte die Frau Pribil.
Der Jo überlegte, wie es ihm ging. Weinen wollte er nicht mehr. Kein bißchen mehr. Fast heiter war ihm zumute. Richtig zum Lachen war ihm.
»Jetzt darfst du die Dose aber nicht aufmachen«, sagte die Frau Pribil. »Sonst flutscht der Kummer wieder heraus. Die Dose schließt luftdicht ab. Sie erstickt den Kummer. Ohne Luft stirbt jeder Kummer. Aber dazu braucht es seine Zeit!«
»Wie lange braucht es?« fragte der Jo.
»Für einen großen Kummer braucht es Stunden, für einen kleinen ein paar Minuten, kommt ganz auf den Kummer an!«

Die Frau Pribil gab dem Jo die Dose. Der Jo steckte die Dose in die rechte Hosentasche. Leider hatte die Hosentasche ein großes Loch. Die Dose fiel durch das Loch, rutschte das Hosenbein entlang, plumpste auf den Boden, rollte durch den Hof und sprang auf. Ein häßlicher, zischender, sehr hoher, schriller Ton kam aus der Dose und sauste pfeifend die Hauswand hoch. Die Frau Pribil und der Jo schauten erschrocken zu den offenen Fenstern. Hinter denen hob ein Gejammer und Gegrein an.
Im dritten Stock jammerte die Frau Meier. »Warum sind denn alle so bös zu mir! Warum mag mich denn keiner!« Im zweiten Stock schluchzte der Herr Berger: »Warum tut mir denn jeder unrecht? Warum sind alle so gemein?« Im ersten Stock klagte die Frau Huber: »Warum lachen mich denn alle aus? Ich kann doch nichts für meine Eselsohren und meine Hasenzähne!« Und im Parterre wimmerte der Herr Hofer: »Nichts gönnen sie mir! Keinen Kaugummi, keine Zuckerl, keine Schokolade!«
»Die haben jetzt meinen Kummer«, sagte der Jo.
Die Frau Pribil nickte.
»Soll ich ihn einsammeln gehen?« fragte der Jo.
»Wenn du meinst«, sagte die Frau Pribil.
Der Jo lief von Tür zu Tür und klingelte und bat die Frau Meier und den Herrn Berger, die Frau Huber und den Herrn Hofer, in die goldene Dose zu husten. Aber die Frau Meier und der Herr Berger, die Frau Huber

und der Herr Hofer waren dumm. Sie verjagten den Jo. Sie glaubten nicht ans Weghusten.
»Scher dich zum Kuckuck«, rief die Frau Meier.
»Laß mich in Frieden«, rief der Herr Berger.
»Du hast ja nicht alle!« rief die Frau Huber.
»Hau ab, sonst schmier ich dir eine«, rief der Herr Hofer. Sie schlugen ihre Türen zu und weinten und jammerten und schluchzten und klagten weiter.
Der Jo steckte die Kummerdose in die linke Hosentasche. Die hatte kein Loch. »Wer nicht will, der hat schon«, sagte er leise zu sich. Er ging in den Hof, setzte sich zu den Abfallkübeln und pfiff ein Lied. Ein schönes, langes Lied. Eines mit dreizehn Strophen.
Die Kummerdose hat der Jo jetzt immer in der linken Hosentasche. Manchmal holt er sie heraus und hustet ein bißchen hinein. Manchmal borgt sich die Frau Pribil die Kummerdose ein bißchen aus. Und hustet hinein. Aber sonst weiß niemand etwas von der Kummerdose. Sonst hält sie der Jo ganz geheim.

Tomas

Tomas ist fünf Jahre alt.
Seine Mutter nennt ihn:
Kleiner Tomas.
Sein Vater ruft ihn:
Großer Tomas.
Seine Schwester sagt zu ihm:
Blöder Tomas.
Die Großmutter nennt ihn:
Tomi-lein-lein.
Die Tante sagt zu ihm:
Dick-Tom.
Die Nachbarin sagt zu ihm:
Tomas.
Die Mutter will, daß der *kleine Tomas* den Teller leer ißt. Der Vater will, daß der *große Tomas* nicht weint, wenn er traurig ist. Die Schwester will, daß der *blöde Tomas* unter dem Bett liegen und bellen soll, weil sie einen Hund braucht. Die Großmutter will, daß *Tomi-lein-lein* zu allen Leuten brav »Guten Tag« sagt. Die Tante will, daß *Dick-Tom* Buchstaben auf ein Blatt Papier malt. Die Nachbarin will überhaupt nichts von *Tomas.*
Die Mutter stört es, daß der *kleine Tomas* in der Nase bohrt. Den Vater stört es, daß der *große Tomas* die

Erbsen aus dem Teller holt und auf den Tisch legt. Die Schwester stört es, daß der *blöde Tomas* mit dem Filzstift einen roten Strich in ihr Rechenheft macht. Die Großmutter stört es, daß *Tomi-lein-lein* nur einschlafen kann, wenn die Nachttischlampe brennt. Die Tante stört es, daß *Dick-Tom* singt, wenn sie der Mutter etwas erzählen will. Die Nachbarin stört überhaupt nichts an *Tomas.*

Tomas sagt: »Ich möchte, daß die Nachbarin meine Mutter und mein Vater und meine Schwester und meine Großmutter und meine Tante wird!«

Die Mutter und der Vater und die Schwester und die Großmutter und die Tante rufen im Chor: »Dann geh doch zur Nachbarin, *Klein-Groß-Blöd-Dick-Tomi-lein-lein*!«

Aber die Nachbarin will den *Tomas* überhaupt nicht haben.

Der schwarze Mann und der große Hund

Jedesmal, wenn der Willi etwas tat, was der Mutter nicht gefiel, sagte die Mutter: »Willi, der schwarze Mann wird dich gleich holen!«
Oder die Mutter sagte: »Willi, der große Hund wird kommen und dich beißen!«
Der Willi dachte oft an den schwarzen Mann und an den großen Hund und malte sich aus, wie die beiden wohl aussehen mochten.
Den großen Hund stellte sich der Willi sehr wild vor, mit Feueraugen, mit Borstenhaaren, Vampirzähnen und einer Teufelszunge.
Den schwarzen Mann stellte sich der Willi sehr groß vor und sehr breit, mit riesigen Händen und grünen Augen im krebsroten Gesicht, mit Borstenhaaren und Vampirzähnen.
Einmal saß der Willi in seinem Zimmer und zerlegte den Wecker. Er wollte nachschauen, warum der Wecker läuten konnte. Gerade als er den letzten Knopf von der Weckerhinterseite abgeschraubt hatte, ging die Zimmertür auf.
Der schwarze Mann und der große Hund kamen herein. Die beiden sahen ganz anders aus, als der Willi gedacht hatte.
Sie waren uralt und ziemlich schäbig.
Der große Hund legte sich neben Willi auf den Boden.

15

Der schwarze Mann schaute auf den Willi und auf den Wecker und schüttelte den Kopf. »Ohne Schraubenzieher wirst du da nicht weiterkommen!«
Der schwarze Mann zog einen Schraubenzieher aus der Hosentasche und gab ihn dem Willi.
Der Willi konnte mit dem Schraubenzieher nicht recht umgehen. Immer wieder rutschte der Schraubenzieher aus dem Schraubenschlitz.
Der schwarze Mann plagte sich eine Stunde lang mit dem Willi und dem Wecker herum. Dann war der Wecker zerlegt.
Der große Hund grunzte zufrieden.
Plötzlich hörten sie die Mutter kommen.
Der schwarze Mann und der große Hund krochen unter Willis Bett.

Willi saß allein mit dem zerlegten Wecker auf dem Fußboden, als die Mutter ins Zimmer kam.

Während die Mutter die Weckerräder und Weckerschrauben aufsammelte, schimpfte sie fürchterlich: »Willi, der schwarze Mann wird dich gleich holen!« Und: »Willi, der große Hund wird dich gleich beißen!« Aber das machte dem Willi nichts aus, denn er wußte ja jetzt, wer die beiden waren.

Der schwarze Mann und der große Hund blieben beim Willi. Am Tag spielten sie mit dem Willi. In der Nacht schliefen sie beim Willi im Bett. Nur wenn die Mutter ins Zimmer kam, krochen sie geschwind unter das Bett.

Der schwarze Mann hatte schöne Einfälle. Wenn der Willi den Hagebuttentee nicht trinken wollte, goß der schwarze Mann mit dem Hagebuttentee den Gummibaum.

In der Nacht, wenn der Willi von einem Geräusch erwachte und nicht mehr einschlafen konnte, erzählte der schwarze Mann lustige Geschichten.

Oder der schwarze Mann bemalte die Wand hinter Willis Bett mit lauter kleinen schwarzen Männern. Oder der schwarze Mann holte heimlich aus der Küche Salz und Kakao und Majoran und Mehl und Pfeffer und Essig und machte daraus einen dicken Brei. Der große Hund tat nicht viel. Er schlief, oder er grunzte zufrieden.

Jeden Dienstag kochte Willis Mutter Kohlsuppe. Wenn der Willi eine Stunde in der Küche vor dem Kohlsuppenteller gesessen und noch immer keinen

Löffel davon gegessen hatte, trug die Mutter den Kohlsuppenteller ins Kinderzimmer und sagte: »Willi, hier bleibst du so lange, bis der Teller leer ist!«
Der große Hund mochte Kohlsuppe. Kaum war die Mutter aus dem Kinderzimmer, schlabberte er den Teller leer.
Eines Tages saßen der Willi und der schwarze Mann und der große Hund im Kinderzimmer und dachten nach, ob sie die Briefmarkensammlung vom Vater zum Spielen holen sollten. Sie dachten so angestrengt nach, daß sie die Mutter nicht kommen hörten. Als die Zimmertür aufging, krochen der schwarze Mann und der große Hund unter das Bett.
Doch sie waren nicht schnell genug. Die Mutter sah das Hinterteil des großen Hundes unter dem Bett verschwinden. Sie fragte: »Willi, was hast du denn da unter dem Bett?«
Der Willi antwortete: »Den schwarzen Mann und den großen Hund habe ich unter dem Bett!«
»So ein Blödsinn!« rief die Mutter. Sie bückte sich und schaute unter das Bett und schaute dem großen Hund mitten in die wasserblauen Augen.
Die Mutter lief in die Küche und kam mit einem Besen bewaffnet zurück. Sie stocherte mit dem Besen unter dem Bett herum und schrie: »Komm heraus, du Biest!«
Unter dem Bett begann es fürchterlich zu knurren und zu zischen und zu fauchen und zu knarren. Dann wackelte das Bett. Ganz so, als ob ein Erdbeben wäre,

und der schwarze Mann und der große Hund kamen hervor.
Der schwarze Mann war aber nicht mehr einen halben Meter groß, sondern zwei Meter und ziemlich breit, und seine Augen funkelten grün, und sein Gesicht war krebsrot.
Der große Hund sah entsetzlich wild aus. Seine wenigen Locken standen borstensteif in die Höhe, und sein Maul war voll spitzer, langer Zähne.
Die Mutter flüchtete in die Küche. Der schwarze Mann und der große Hund liefen hinter ihr her.
Die Mutter kroch unter den Küchentisch.
Der schwarze Mann brüllte: »Unverschämtes Weib! Wagt es, den schwarzen Mann in den Hintern zu stechen! Was fällt der Frau bloß ein?«
»Willi, liebes Kind«, wimmerte die Mutter. »Sag dem schwarzen Mann und dem großen Hund, daß sie mir nichts tun sollen!«
Der Willi sagte: »Schwarzer Mann, großer Hund, die Mutter fürchtet sich! Erschreckt sie nicht!«
»Zuerst sagt die Mutter dauernd, daß wir kommen werden, und wenn wir dann da sind, heult sie!« sagte der schwarze Mann.
»Schwarzer Mann, großer Hund«, sagte Willi, »geht in das Kinderzimmer, bitte!«
Da schrumpfte der schwarze Mann auf einen halben Meter, und der große Hund verschluckte seine Vampirzähne. Sie sahen wieder uralt und ziemlich schäbig

und sehr freundlich aus und trotteten ins Kinderzimmer.
Die Mutter kroch unter dem Küchentisch hervor.
»Ach, Willi«, stöhnte sie, »ach, Willi, nie mehr rede ich ein Wort vom schwarzen Mann und vom großen Hund!«
Der Willi nickte und sagte: »Das wird gut sein! Sonst erschreckst du dich wieder so sehr!«

Sepp und Seppi

Es waren einmal ein Seppi und ein Sepp. Der Seppi war der Sohn, und der Sepp war der Papa. Der Sepp hatte den Seppi sehr lieb, und der Seppi hatte den Sepp noch viel lieber.
Der Seppi und der Sepp wohnten mit der Rosi in einem kleinen hellblauen Haus. Die Rosi war die Mama.
Oben im Haus wohnten sie. Unten im Haus war das Geschäft vom Sepp. Der Sepp verkaufte Äpfel und Zündhölzer, Seife und Essiggurken, Fliegenklatschen und Heringe, Knöpfe und Vogelfutter, Salat und Radieschen und alles, was die Leute sonst noch brauchen.

Der Seppi war immer beim Sepp. Am Morgen weckte er ihn auf und ging mit ihm ins Badezimmer. Gähnte der Sepp, gähnte der Seppi, wusch sich der Sepp die Ohren, wusch sich der Seppi die Ohren. Rasierte sich

der Sepp, tat der Seppi, als ob er sich auch rasieren müßte. Mit der Seifenschale fuhr er über seine Wangen und brummte dabei. Das klang wie ein Geräusch, das der Rasierapparat vom Sepp machte.
Am Vormittag verkauften der Sepp und der Seppi Zündhölzer und Äpfel, Essiggurken und Seife, Heringe und Fliegenklatschen, Vogelfutter und Knöpfe, Radieschen und Salat und alles, was die Leute sonst noch brauchen.
Schmeckte dem Sepp das Mittagessen, schmeckte es dem Seppi auch. Meckerte der Sepp über das Essen, meckerte der Seppi auch. Hielt der Sepp nach dem Essen einen Mittagsschlaf, legte sich der Seppi zu ihm.

Las der Sepp aber nach dem Essen lieber Zeitung, schaute der Seppi Bilderbücher an.
Und am Abend, wenn der Sepp das Geschäft zugesperrt hatte, spielte er mit dem Seppi Zugentgleisung

oder Autorennen. Oder sie spielten mit dem Bauernhof. Oder sie bauten ein Haus. Und eine Kirche. Und ein ganzes Dorf.

Wenn die Rosi dem Sepp einen roten Pullover mit weißen Sternen strickte, mußte sie dem Seppi auch einen roten Pullover mit weißen Sternen stricken.
Und als der Sepp im Winter vor dem Haus auf dem Eis ausrutschte und sich den linken Knöchel brach und ein Gipsbein bekam, wickelte der Seppi sein linkes Bein in viel weißes Klopapier und humpelte stöhnend herum.
Manchmal konnte der Sepp den Seppi aber nicht brauchen. Wenn er mit dem Lieferwagen auf den Markt fuhr, um Obst und Gemüse zu holen, nahm er den Seppi nie mit. Dann spielte der Seppi daheim: Marktfahren. Aus zwei Sesseln machte er den Lieferwagen. Der Schwimmreifen war das Lenkrad, zwei Taschenlampen waren die Scheinwerfer. Und wenn er eine Panne hatte, schob er den Lieferwagen zur Rosi. Die Rosi war

der Mechaniker. Die putzte die verdreckten Zündkerzen oder flickte das Loch im Auspuff.
Wenn der Sepp ins Wirtshaus ging, durfte der Seppi auch nicht mit. Dann spielte er daheim: Wirtshaus. Mit dem Teddy und dem Kasperl saß er am Tisch. »Wirt, noch ein Bier!« rief er. Die Rosi war der Wirt und brachte ihm Limonade.
Der Teddy war der Huber. Zu dem sagte der Seppi: »Huber, red keinen Blödsinn!« (Weil der Sepp, wenn er aus dem Wirtshaus kam, oft sagte: »Der Huber hat wieder lauter Blödsinn geredet.«)
Und zum Friseur ging der Sepp auch allein. Dann spielte der Seppi daheim: Friseur. Er setzte sich auf den Klavierhocker, legte sich ein weißes Handtuch um die Schultern und sagte zum Klavier: »Vorne lang, hinten kurz! Und Schnurrbart stutzen. Aber dalli-dalli, mein lieber Sohn daheim wartet auf mich!«
Einmal, an einem Sonntag, als der Seppi den Sepp aufwecken wollte, war das Bett vom Sepp leer.
Im Badezimmer war der Sepp nicht, auf dem Klo war er nicht.
Nirgendwo war er!
»Wo ist er«, fragte der Seppi die Rosi.
»Mit dem Huber zum Angeln«, sagte die Rosi.
»Was ist Angeln?« fragte der Seppi.
»Fische fangen«, sagte die Rosi.
»Wo?« fragte der Seppi.
»Beim großen Teich vor der Fabrik«, sagte die Rosi.

»Warum hat er mich nicht mitgenommen?« fragte der Seppi.
»Weil dir Fische fangen keinen Spaß machen würde«, sagte die Rosi.
Das glaubte der Seppi nicht. Alles, was dem Sepp Spaß machte, machte garantiert auch ihm Spaß.
Der Seppi wusch sich nicht, er aß kein Frühstück. Er zog sich an, und als die Rosi auf dem Klo war, schnappte er seine Rollschuhe und schlich aus dem Haus. Auf Zehenspitzen und ganz heimlich.
Vor der Haustür schnallte der Seppi die Rollschuhe an. Weil man mit Rollschuhen schneller voran kommt als ohne. Und weil der Seppi den Sepp schnell finden wollte. Der Seppi war schon einmal mit dem Sepp und der Rosi beim großen Teich vor der Fabrik gewesen. Er konnte sich gut daran erinnern. Einen langen Schornstein hatte die Fabrik. Und Enten waren auf dem Teich geschwommen.
Der Seppi rollte die Straße hinunter, am Kino vorbei, an der Schule vorbei, an der Bushaltestelle vorbei, am Park, am Schwimmbad und am Bahnhof vorbei.
Bald muß der lange Schornstein der Fabrik zu sehen sein, dachte er.
Er rollte an Gartenzäunen vorbei und an einer Wiese und durch einen kleinen Wald. Aber den langen Schornstein der Fabrik sah er noch immer nicht. Bloß sehr müde und sehr hungrig war er. Und schrecklich ratlos. Er setzte sich unter einen Baum am Wegrand.

Ziemlich lange saß der Seppi unter dem Baum, da kam ein Bub den Weg herauf.
»He, du«, rief der Seppi. »Wo ist der Teich mit der Fabrik dahinter?«
»Welche Fabrik, welcher Teich?« fragte der Bub.
»Die Fabrik mit dem Schornstein und der Teich mit den Enten«, sagte der Seppi.
»Gibt es hier nicht«, sagte der Bub.
»Sicher nicht?« fragte der Seppi.
»Wir haben nur einen Teich ohne Enten. Neben der Kirche«, sagte der Bub.
»Den kann ich nicht brauchen«, sagte der Seppi. »Ich suche meinen Papa, der angelt im Teich vor der Fabrik.«
»In unserem Teich angelt auch jemand«, sagte der Bub.
Da dachte der Seppi: Aha! Die Mama hört ja nie richtig hin, wenn der Sepp etwas erzählt. Der Mann beim Teich neben der Kirche ist sicher der Papa!
»Soll ich dich zu unserem Teich führen?« fragte der Bub.
Der Seppi nickte. Er schnallte die Rollschuhe ab, hängte sie über die Schulter und ging neben dem Buben her.
»Ich bin der Rudi«, sagte der Bub. »Weil ich gerne Kipferln esse, nennen sie mich auch Kipferl-Rudi.« Er holte aus der linken Hosentasche ein Kipferl und biß hinein.
»Laß mich auch einmal abbeißen!« bat der Seppi.
»Nein, das Kipferl brauch ich selber, sonst fall ich vom

Fleisch«, sagte der Rudi. Er holte aus der rechten Hosentasche noch ein Kipferl und gab es dem Seppi.
Mit drei großen Bissen hatte der Seppi das Kipferl verschlungen. »Ich habe heute noch nichts gegessen gehabt«, sagte er zum Kipferl-Rudi.
Da holte der Rudi noch ein Kipferl aus der Hemdtasche. »Nimm«, sagte er. »Das ist meine Reserve-Notration!«
Der Seppi aß das Kipferl und sagte mit vollen Backen: »Wenn wir bei meinem Papa sind, bekommst du dafür eine Tafel Schokolade!«
Der Sepp hatte immer ein paar Tafeln Schokolade im Handschuhfach vom Auto.
Als sie zum Teich neben der Kirche kamen, war der Seppi bitter enttäuscht. Der Mann, der dort angelte, war alt und klein und dick. Schon von weitem sah der Seppi, daß das nicht der Sepp war. Traurig fragte er: »Gibt es nicht doch noch einen anderen Teich?«
»Ich erkundige mich«, sagte der Kipferl-Rudi. Er steckte zwei Finger in den Mund und pfiff darauf. Einen schrillen Pfiff stieß er aus. »Damit der Hupen-Franzi kommt«, erklärte er dem Seppi. »Der kommt viel herum, der kennt sich aus.«
Es dauerte nicht lange, dann hörte der Seppi leises Hupen. Und dann wurde das Hupen lauter und immer lauter, und ein knallrotes Auto kam angefahren.
»Was gibt's?« rief der Franzi.
Der Kipferl-Rudi holte drei winzige Schoko-Kipferln

aus der hinteren Hosentasche, gab dem Seppi eines, gab dem Franzi eines, steckte selber eines in den Mund und sagte: »Er sucht den großen Teich vor der Fabrik!«
»Der ist am anderen Ende der Stadt!« sagte der Hupen-Franzi. Er deutete in die Richtung, aus der der Seppi gekommen war.
»Ich bin aber schon so müde.« Dem Seppi stiegen Tränen in die Augen.
Der Franzi kletterte aus dem Tretauto. »Setz dich rein«, sagte er zum Seppi.
Da wischte sich der Seppi die Tränen aus den Augen und setzte sich ins Auto.
Der Kipferl-Rudi schnallte sich den rechten Rollschuh vom Seppi an, der Hupen-Franzi schnallte sich den linken Rollschuh vom Seppi an. Der Kipferl-Rudi stellte den linken Fuß auf die hintere Stoßstange vom Tretauto, der Hupen-Franzi stellte den rechten Fuß auf die hintere Stoßstange vom Tretauto.
»Halt dich fest«, rief der Kipferl-Rudi.
»Es wird nämlich rasant«, rief der Hupen-Franzi.
Mit einer Hand hielt sich der Seppi fest, mit der anderen drückte er auf die Hupe. Der Kipferl-Rudi und der Hupen-Franzi flitzten mit dem Seppi los, durch den kleinen Wald und an der Wiese, an den Gartenzäunen vorbei, am Bahnhof, am Schwimmbad, am Park, an der Bushaltestelle, der Schule, dem Kino vorbei und die Straße hinauf. »Halt, stopp, stehenbleiben«, brüllte der Seppi nach hinten.

»Wir sind noch nicht beim Teich vor der Fabrik«, brüllten der Kipferl-Rudi und der Hupen-Franzi nach vorne. Doch weil der Seppi wie verrückt mit den Armen herumfuchtelte, hielten sie an. Vor dem kleinen hellblauen Haus hielten sie.

Vor der Haustür standen der Sepp und die Rosi. Als sie sahen, wer da im Tretauto hockte, kamen sie angelaufen.

»Ich hab schon Bauchweh aus lauter Angst um dich«, rief die Rosi.

Der Sepp hob den Seppi aus dem Tretauto.

»Ich habe nach dir gesucht«, sagte der Seppi.

»Nächsten Sonntag nehme ich dich zum Angeln mit«, sagte der Sepp. »Großes Ehrenwort!«

»Nächsten Sonntag ist mein Geburtstagsfest«, sagte der Hupen-Franzi zum Seppi. »Alle meine Freunde kommen. Kommst du auch?«

»Es gibt viele, viele Kipferln«, sagte der Rudi.

Der Seppi rutschte aus den Armen vom Sepp. »Fische fangen würde mir ohnehin keinen Spaß machen«, sagte er zum Sepp.

Da schaute der Sepp ein bißchen traurig. Doch der Seppi tröstete ihn. »Kannst ja wieder den Huber mitnehmen«, sagte er. »Dann bist du nicht alleine!«

Am nächsten Sonntag ging der Seppi zum Geburtstagsfest. Und lernte auch noch den Toni kennen und die Lotte und den Peter.

Von diesem Sonntag an hatte der Seppi viele Freunde.

Und er brauchte viel Zeit für sie. Er mußte den Sepp oft alleine lassen. Aber der Sepp hatte den Seppi trotzdem sehr lieb. Und der Seppi hatte den Sepp trotzdem noch viel lieber. Und weckte ihn jeden Tag auf und gähnte, wenn der Sepp gähnte, und meckerte über das Essen, wenn der Sepp meckerte, und wusch sich nur dann die Ohren, wenn sich der Sepp die Ohren wusch. Und manchmal hatte der Seppi auch noch Zeit, um mit dem Sepp mit der Eisenbahn zu spielen. Oder mit dem Bauernhof. Oder mit der Autorennbahn. Oder mit den Bausteinen. Dann freute sich der Sepp die Ohren rot und rief: »Heute geht's mir gut!«

Streng – strenger – am strengsten

Kathi wußte genau: Es geht ganz einfach. Man wickelt den Faden um den linken Zeigefinger, hinter Mittelfinger und Ringfinger vorbei, und vor dem kleinen Finger läßt man ihn wieder heraus. Dann nimmt man eine Nadel in die rechte Hand und eine in die linke. Und sticht mit der Nadel von der rechten Hand in die erste Masche von der Nadel von der linken Hand und holt den Faden, den, der von der ersten Masche der rechten Hand zum Zeigefinger der linken Hand geht, durch die erste Masche der Linken-Hand-Nadel durch. Und dann zieht man die erste Masche von der Linken-Hand-Nadel herunter, und die durchgezogene Schlinge ist jetzt die erste Masche von der Rechten-Hand-Nadel. Kathi war das sehr klar. Aber stricken konnte sie trotzdem nicht. Einmal rutschte die Rechte-Hand-Nadel aus dem verdammten Dings und einmal die Linke-Hand-Nadel. Dann zog sich der Faden durch das falsche Loch, und dann waren plötzlich zwei oder drei Fäden da, und die Maschen wurden von Reihe zu Reihe weniger, und Kathi konnte sich nicht erklären, wohin sie gekommen waren.
Mama sagte: »Kathis Finger sind noch zu klein und zu dünn.«
Oma sagte: »Stricken ist sowieso unmodern und lohnt sich nicht.«

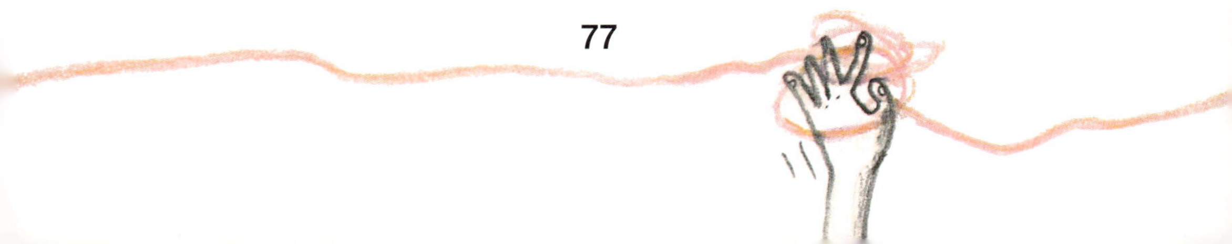

Papa sagte: »Stricken verdirbt die Augen und macht den Rücken krumm.«
Berti, der Bruder, sagte: »Häkeln geht leichter.«
Der Opa setzte sich in den Lehnstuhl und strickte Kathi vier Reihen vor. Zwei schlicht, zwei kraus, im Wechsel. Er sagte: »Stricken ist schön, aber nur, wenn man es freiwillig macht.«
Die Frau Handarbeitslehrerin Krause aber sagte: »Kathi, du strickst auf eine Fünf! Wenn du es nicht bald lernst, bekommst du einen Fünfer ins Zeugnis!«
Kathi ging nach Hause und heulte.
Die Mama, die Oma, der Papa, der Opa und Berti lachten und sagten: »Aber Kathi, man kriegt keinen Fünfer in Handarbeiten. Das hat es noch nie gegeben! Ehrenwort!«
»Sie hat's aber gesagt, Ehrenwort«, schluchzte Kathi.
»Sie hat nur gedroht«, sagte die Mama.
»Sie erzieht nach der alten Methode«, sagte die Oma.
»Die soll dich mal«, sagte Berti.
»Einfach ignorieren«, sagte Papa.
»Sie kann dir höchstens einen Vierer geben«, sagte der Opa.
Kathi fand auch einen Vierer schlimm genug. Aber das sagte sie nicht. Sie kannte ihre Familie. Die würden doch alle nur sagen, daß ein Vierer eine lustige Sache sei, und der Opa und die Oma würden dann wieder mit sämtlichen Latein-Fünfern und Griechisch-Vierern angeben, die sie als Kind bekommen hatten. Weil

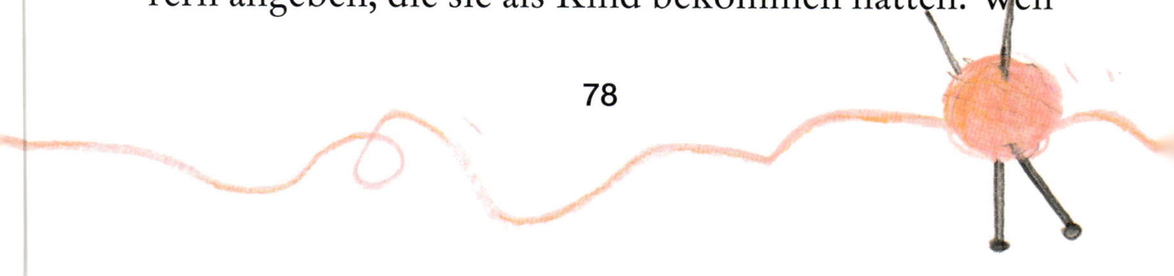

ihre Familie nichts von ihrem Kummer verstand, beriet sich Kathi am nächsten Tag in der Schule mit Evi. Evi hatte nämlich bereits dreißig Zentimeter wunderbar gleichmäßigen schweinsrosa Topflappen gestrickt. Und alle siebenundsiebzig Maschen, die sie unten angeschlagen hatte, hatte sie oben immer noch.
»Bring mir bitte das Stricken bei«, sagte Kathi zu Evi.
Evi schüttelte den Kopf. Und dann erklärte sie Kathi sehr leise, damit es die anderen nicht hörten: »Die dreißig Topflappenzentimeter hat meine Mutti gemacht!«
»Hast du denn«, flüsterte Kathi und bekam vor lauter Schreck eine Gänsehaut auf dem Rücken, »das Topflappendings mit nach Hause genommen?«
Evi nickte.
Kathi war ganz ergriffen. Topflappen-nach-Hause-nehmen war streng verboten. Topflappen-nach-Hause-nehmen war ungeheuerlich! Die Topflappen hatten nach der Stunde samt dem schweinsrosa Garnknäuel in ein weißes Tuch gewickelt zu werden. Den weißen Binkel mußte man dann ins Handarbeitsköfferchen legen, das Köfferchen verschließen und der Handarbeitsordnerin aushändigen. So hatte das zu geschehen! Und jedes Zuwiderhandeln, das hatte die Handarbeitslehrerin gesagt, würde streng-strenger-am strengsten bestraft werden!
Kathi hatte vor der Handarbeitslehrerin und vor streng-strenger-am strengsten große Angst. Aber Ka-

thi wollte keinen Fünfer und auch keinen Vierer im Zeugnis haben. Am Ende der nächsten Handarbeitsstunde klopfte Kathis Herz so laut, daß Kathi sicher war, die Handarbeitslehrerin, vorn beim Lehrertisch, müßte es hören. Doch die holte gerade eine verlorengegangene Masche im Topflappen der Schestak Anni hoch und hörte nichts.

Kathi schielte zu Evi. Evi nickte. Kathi schob den Topflappen samt schweinsrosa Garnknäuel und Nadeln unter das Pult. Dann wickelte sie zwei angebissene Äpfel in das weiße Tuch und legte den Apfelbinkel in das Köfferchen. Wegen der Handarbeitsordnerin. Die war eine Streberin, und es hätte leicht sein können, daß sie das Köfferchen gepackt und gerufen hätte: »Bitte, Frau Lehrerin, das ist so leicht, ich glaub, da ist gar nix drinnen, bitte, Frau Lehrerin!«

Die Handarbeitsordnerin nahm die angebissenen Äpfel ohne Verdacht entgegen.

Kathi trug das Topflappendings in der Schultasche nach Hause. Sie war sehr stolz und hatte ein sehr schlechtes Gewissen. Zusammen ergab das ein komisches Gefühl.

Kathi zeigte den Topflappen der Mama, und die Mama lachte Tränen darüber. Außerdem versprach sie, bis nächsten Morgen genauso fleißig zu sein wie die Mutter von der Evi.

Das Topflappendings lag nachher einige Stunden auf

dem Küchentisch, und der schweinsrosa Garnknäuel lag gegenüber vom Küchentisch vor dem Gasherd. Dann kam die Oma in die Küche, stolperte über den Garnfaden und zog dadurch das Topflappendings vom Küchentisch. Dabei rutschten die Nadeln heraus und rollten unter die Küchenkredenz.
Eine Stunde später kam die Katze in die Küche. Sie balgte mit dem Garnknäuel herum und trug es ins Wohnzimmer.
»Da hängt ja ein Faden dran, Schnurlimurli«, sagte der Opa. »Komm, Schnurlimurli, wir reißen den Faden ab! Sonst kann die Schnurlimurli nicht schön spielen!«
Der Opa riß den schweinsrosa Faden ab, und die Katze packte sich den Knäuel ins Maul und sprang zum Fenster hinaus.
Das Topflappendings lag noch in der Küche auf dem Fußboden, als Berti nach Hause kam. Er kam vom Fußballspielen.
»Berti, putz dir die Hufe ab«, rief der Papa. »Ich habe heute überall gesaugt und gewischt!«
Berti war ein artiger Junge und sofort bereit, den Dreck von seinen Schuhen zu putzen. Doch der Kasten mit dem Schuhputzzeug stand draußen im Vorzimmer. Außerdem war es nicht sicher, ob im Schuhputzzeugkasten wirklich ein Putzlappen war. Da entdeckte Berti auf dem Küchenboden ein kleines, graurosa Dings. Ein häßliches, dreieckiges Dings. Er nahm es in die Hand und stellte fest, daß es garantiert nur

zum Schuhputzen geeignet war. Er hielt das Dings unter den Wasserstrahl des Abwasch, und dann fuhr er gewissenhaft damit über die Sohlenränder seiner Schuhe. Das Dings wurde tiefbraun davon. Berti warf es in den Mistkübel.

Nach dem Nachtmahl setzte sich die Familie zum Fernsehen. Sie schauten sich etwas an, wo ein dicker Mensch, der aussah wie ein Meerschwein, die Zuseher aufforderte, nach einem Ausschau zu halten, der aussah wie der Postbeamte.

Gerade als die Oma aufschrie und behauptete, der Postbeamte sei ganz sicher der Fleischhauer, der ihr die stinkenden Knacker verkauft hatte, und gerade als die Mama rief, die Oma solle sich nicht aufhetzen lassen, fiel Kathi der Topflappen ein. Sie fragte: »Mama, trennst du jetzt den Lappen auf und machst mir dreißig Zentimeter neu?«

Der Opa sagte: »Das mach ich! Bring ihn her!«

»In der Küche liegt er«, sagte die Mama.

Kathi ging in die Küche und fand keinen Topflappen. Kathi suchte überall in der Wohnung. Und weil Kathi zu heulen anfing, drehte der Papa das Meerschwein ab, und alle halfen Kathi suchen und fanden keinen Topflappen.

Dann fiel dem Opa ein, daß die Katze ein rosa Knäuel gehabt hatte, und der Oma fiel ein, daß sie über den Faden gestolpert war, und Berti fiel ein, daß er seine Schuhe geputzt hatte.

Kathi kippte den Mistkübel um und suchte zwischen Eierschalen und Dreck, doch sie erkannte das Topflappendings nicht. Sie hielt es für eine gebrauchte Filtertüte. Kathi heulte so sehr, daß sogar die Stirnfransen naß wurden. Dabei schluchzte sie: »Dafür kriegt man die Streng-strenger-am strengsten-Strafe! Dafür kriegt man alles, was es in der Schule gibt!«
Die Mama sagte, das sei doch gar kein Problem. Sie wird morgen früh ein Knäuel schweinsrosa Wolle kaufen und den Lappen neu stricken.
Doch so einfach war das nicht. Kathi hatte das schweinsrosa Garn von der Handarbeitslehrerin bekommen. Der hatte es der Stadtschulrat zugeteilt. Und der Stadtschulrat hatte das Garn »en-gros-für-alle-Mädchen-der-Stadt« bei einer Fabrik machen lassen. Jedenfalls gab es nirgends in der ganzen Gegend ein ähnlich schweinsfarbenes, ähnlich häßliches Garn.
Kathi heulte sich wieder die Stirnfransen naß. Die Mama sagte, es sei trotzdem sehr einfach. Sie wird das schon in Ordnung bringen!
»Das kann niemand mehr in Ordnung bringen«, schluchzte Kathi.
»Doch«, sagte die Mama, »am Montag geh ich mit dir in die Schule und sag der Lehrerin, daß ich von dir verlangt habe, daß du das Dings mit nach Hause nimmst, und daß es jetzt die Katze gefressen hat und daß dich keine Schuld trifft! Laß mich das nur machen! Ich mach das schon!«

Kathi hörte zu heulen auf. Aber sie blieb blaß. Am Samstag aß sie keine Nachspeise. Am Sonntag aß sie überhaupt nichts. Und in der Nacht von Sonntag auf Montag wachte sie sechsmal auf. So nervös war sie. Vielleicht wachte sie auch deswegen auf, weil die Kinderzimmertür neben der Klotür war und die ganze Nacht über die Wasserspülung gezogen wurde. Das kam davon, daß der Mama schlecht war. Die Mama hatte am Sonntag abend drei Stück Gänsebraten gegessen, und das vertrug ihre Galle nicht.

Am Morgen, als Kathi aufstand, lag die Mama im Bett, war grün im Gesicht und stöhnte. Die Oma saß bei ihr und hielt ihr die Hand.

»Mama, du mußt mit mir zur Handarbeitslehrerin gehen«, sagte Kathi.

Die Mama murmelte »aaah-auauau-oooooh« und drehte sich zur Wand.

»Gehst du mit mir in die Schule?« fragte Kathi die Oma.

»Liebling, ich muß bei der Mama bleiben«, flüsterte die Oma.

Kathi fragte den Papa, doch der Papa mußte ins Büro. Kathi fragte den Opa, und der Opa sagte: »Gut, Kathi, gehn wir!«

Der Opa ging mit Kathi zur Schule. Doch knapp vor der Schule, an der Ecke, gab es ihm einen Stich. Unten im Kreuz. Er konnte nicht mehr aufrecht stehen. Nur mehr ganz gekrümmt. Kathi kannte diesen Zustand am

Opa. Wenn er diesen Zustand hatte, konnte er nur noch »ogottogott« sagen. Auf keinen Fall aber konnte er der Handarbeitslehrerin die Sache mit dem Topflappendings erklären.
Der Opa stöhnte: »Ogottogott-tut mir leid, Kathi, aber ich muß-ogottogott-ins Bett.« Er drehte sich um und humpelte schief nach Hause. Kathi wollte ihm nachlaufen. Sie wollte auch nach Hause. Doch da kamen Evi und die Schestak Anni und die Karin und noch zwei andere aus ihrer Klasse und zogen sie mit zum Schultor.
Kathi saß auf ihrem Platz, Fensterreihe, dritte Pult-Innenseite, und überlegte: Wenn die Mama plötzlich krank geworden ist und der Opa den Stich bekommen hat, kann ja auch die Handarbeitslehrerin krank werden!
Die Handarbeitslehrerin war nicht krank geworden. Sie kam in die Klasse, sagte »setzen« und gab der Handarbeitsordnerin den Schlüssel zum Handarbeitsschrank. Die Ordnerin und eine Ordnerin-Helferin teilten die Köfferchen aus. Kathi öffnete ihr Köfferchen. Den weißen Binkel machte sie nicht auf. Sie saß still und machte sich hinter dem breiten Rücken der Schestak Anni klein. Manchmal schielte sie über den Mittelgang nach vorne zur Evi. Die Evi tat, als stricke sie. Ihr Lappen war schon vierzig Zentimeter lang.
»So«, sprach die Handarbeitslehrerin, »heute tragen wir Noten ein! Meier Gerti, komm her!«

Die Meier saß in der letzten Bankreihe. Sie packte ihr Strickzeug ein und wanderte nach vorne.
Kathi hörte: »Sehr ungleichmäßig, Maschen fallengelassen, mehr bemühen.« Dann wanderte die Meier Gerti mit dem Strickzeug auf ihren Platz zurück. Dabei schnitt sie Gesichter. Die Kinder kicherten.
»Evi, bitte«, sagte die Handarbeitslehrerin. Die Evi lief nach vorn und zeigte ihre vierzig Zentimeter vor. Die Handarbeitslehrerin war mit den vierzig Zentimetern zufrieden. Nur die Kettmaschen fand sie etwas zu locker. »Aber«, lobte sie, »fast ein Einser, wahrscheinlich sogar ein Einser!«
Dann schickte sie die Evi auf ihren Platz zurück. Nachher rief sie die Satlasch und die Huber und die Karin und die Ilse Schneck, und dann rief sie: »Kathi!«
Kathi stand langsam auf. Sie dachte streng-strenger-am strengsten. Sonst dachte sie nichts. Wenn sie die Karin hinter ihr nicht geschubst hätte, hätte sie gar nicht bemerkt, daß die Evi die linke Hand neben dem Pult in den Mittelgang hinausstreckte. In der Hand von der Evi waren die vierzig Zentimeter Topflappen. Kathi ging auf den Topflappen zu.
»Kathi, beeil dich doch«, rief die Handarbeitslehrerin. Aber sie schaute nicht auf Kathi, sondern kritzelte emsig mit rotem Kugelschreiber im Notenbüchlein.«
Kathi griff nach dem Topflappen. Ihre Hände zitterten. Der Topflappen fiel auf den Boden. Eine Nadel rutschte klappernd heraus.

Die Handarbeitslehrerin schaute vom Notenbüchlein hoch. »Paß doch auf, Kathi«, sagte sie.
Kathi bückte sich und hob den Topflappen auf. Fünfzehn schweinsrosa Maschen hingen traurig und nadellos an der Strickerei.
»Vorsicht, Kathi, sonst laufen sie weiter«, rief die Handarbeitslehrerin.
Kathi stand still und starrte auf die schutzlosen, gefährdeten Maschen. Die Handarbeitslehrerin sprang vom Stuhl auf und lief zu Kathi. Sie nahm Kathi vorsichtig den Topflappen aus den Händen. »Sind ja schon drei Reihen weit gefallen«, jammerte sie. Dann trug sie den Topflappen nach vorn, zum Lehrertisch. Zart und vorsichtig und sanft trug sie ihn. Wie man ein kleines, krankes Kind trägt. Sie setzte sich zum Tisch, und wie man zu einem kleinen, kranken Kind spricht, sprach sie auf den Topflappen ein: »Na, du siehst aber aus«, und »Das werden wir schon hinbringen«, und »Na, siehst du, dich haben wir schon oben.«
Kathi stand neben dem Lehrertisch. Ihr Herzklopfen war ganz laut. In ihren Ohren sauste es, und vor ihren Augen, in der Luft, flogen kleine violette Punkte herum … Streng-strenger-am strengsten, gleich ist es soweit, gleich merkt sie es, dachte Kathi. Oder eine aus der Klasse sagt es ihr. Vielleicht sogar die Evi, dachte Kathi.
Die Handarbeitslehrerin schnaubte laut durch die Nase. Jetzt ist es soweit, dachte Kathi. Jetzt!

»So, Kathi«, sagte die Handarbeitslehrerin, »das hätten wir geschafft!« Sie drückte der Kathi die Strickerei in die Hände und steckte ihr den Garnknäuel in die Schürzentasche und sprach: »Vorsichtig tragen, nicht schlafen beim Gehen!«
Kathi ging langsam zu ihrem Platz. Alle lila Tupfen in der Luft, vor den Augen, waren weg. In den Ohren sauste es nicht mehr, und das Herz klopfte langsam. Kathi war gerade bei ihrem Platz, da rief die Handarbeitslehrerin noch: »Übrigens, sehr brav, Kathi! Du warst sehr fleißig! Siehst du, man muß sich nur bemühen!«
Kathi nickte.
Die Handarbeitslehrerin beugte sich über ihr Notenbüchlein und schrieb emsig. Kathi setzte sich. Sie holte die Äpfel aus dem weißen Tuch und biß in einen Apfel. Obwohl er angebissen und eine Woche alt war, schmeckte er herrlich. Kathi aß beide Äpfel auf. Dann gab sie die vierzig Topflappenzentimeter über den Mittelgang hinüber zur Gerti Meier, und die Gerti gab sie der Satlasch und die Satlasch der Evi. Dabei fielen etliche Maschen von den Nadeln. Doch die Mutter von der Evi brachte das bis nächsten Montag wieder in Ordnung.
Kathi hat den Topflappen der Evi noch mehrere Male am Montag vorgezeigt. Einmal nach dem Abketten und einmal mit blauem Häkelrand und einmal in durchsichtiges Papier verpackt. Die Frau Handar-

beitslehrerin war von Mal zu Mal zufriedener mit Kathi. Ins Jahreszeugnis schrieb sie ihr einen Einser. Kathi freute sich mächtig darüber. Und immer, wenn jetzt in der Schule etwas passiert, wo die Kathi furchtbar erschrickt und streng-strenger-am strengsten denken muß, dann fällt ihr das Topflappendings ein, und dann lächelt die Kathi. Und bekommt nie mehr Herzklopfen und Ohrensausen und lila Punkte vor den Augen. »Die Kathi ist viel selbstbewußter geworden und viel sicherer!« hat die Klassenlehrerin am Sprechtag zur Mama und zum Papa von Kathi gesagt. Die Mama und der Papa von der Kathi waren darüber sehr glücklich. Und darum ist es furchtbar ungerecht von ihnen, daß sie immer sagen, »Mädchenhandarbeiten« sei ein ganz unnützer, altmodischer Gegenstand, der nicht mehr in den modernen Schulunterricht paßt.

Florenz Tschinglbell

Sisi und Sigi waren Geschwister. Sie stritten jeden Tag, und jeden zweiten Tag prügelten sie sich, wobei Sigi immer den kürzeren zog, weil er nur boxte, Sisi aber zwickte und kratzte und biß und mit den Füßen trat.
Sisi und Sigi stritten nie wegen Kleinigkeiten. Dinge wie abstehende Ohren, kaputte Elektroautos, eingedrückte Puppenaugen, verbogene Heftdeckel, Hasenzähne und Dreckfinger störten weder Sisi noch Sigi.
Sisi und Sigi stritten immer wegen der gleichen Sache.
Sisi erzählte etwas.
Sigi behauptete, was Sisi da erzähle, sei gelogen.
Sisi rief, nein, es sei die reine Wahrheit.
Sigi schrie: »Nur ein Doppeldepp glaubt dir das!«
Sisi wurde dann so wütend, daß sie Sigi zwickte oder kratzte oder biß oder trat.
Und dann boxte Sigi.
Und dann kam die Mutter und drohte mit Ohrfeigen.
Als ob im Kinderzimmer nicht schon genug herumgeprügelt wurde!
Nach den angedrohten Ohrfeigen vertrugen sich Sisi und Sigi wieder ein bißchen. Sie vertrugen sich so lange, bis Sisi wieder eine Geschichte erzählte, die Sigi nicht glaubte.
An dem Tag, von dem ich erzählen will, saßen Sisi und Sigi im Kinderzimmer und vertrugen sich ein bißchen.

»Weißt du was zum Spielen?« fragte Sigi.
»Blek Pita«, sagte Sisi.
»Kenn ich nicht«, sagte Sigi.
»Heißt *Schwarzer Peter* auf englisch«, erklärte Sisi.
»Und warum«, fragte Sigi, »warum sagst du das englisch?«
Sisi holte die *Schwarzer-Peter*-Schachtel aus der Tischlade, drehte sie hin und her und sprach: »Ach, das hab ich mir so angewöhnt, von meiner Freundin, der Florenz Tschinglbell, die redet ja englisch!«
»Hör auf«, rief Sigi, »hör sofort auf!« Sigi hätte sich nämlich noch gern ein bißchen mit Sisi vertragen. Aber wenn Sisi mit Florenz Tschinglbell anfing, ging das leider nicht.
Seit einer Woche hatte Sisi das. Seit einer Woche behauptete sie, eine Freundin zu haben, die Florenz Tschinglbell hieß und Vampirzähne und Schuhnummer fünfzig hatte und lange meergrün-blaue Haare und einen Hund mit Reißzähnen namens Lin-Fu, der statt »wau, wau!« »tsching, tschang!« bellte, weil er ein großer, gelber, chinesischer Hund war.
Sigi konnte nicht an diese Freundin glauben. Noch dazu, wo sie im Kanal wohnte. Im Kanal beim Kino, über dessen Einstieg eine Litfaßsäule war.
Sigi rief also noch einmal: »Hör sofort auf!«
Doch Sisi hörte nicht auf. Sie öffnete die Kartenschachtel. »Schau her«, sagte sie und zeigte auf die oberste Karte.

Sigi schaute hin. Er betrachtete die oberste Karte. Der Tower von London war darauf.
Sisi erklärte triumphierend: »Na! Wie käm ich denn zum Tower von London, wenn ich nicht die Florenz Tschinglbell zur Freundin hätte, ha?«
»Du Kuh, du«, brüllte Sigi, »für wie blöd hältst du mich denn? Weil du eine Karte von meinem Städtequartett zu deinen Schwarzen-Peter-Karten steckst, so glaub ich noch lang nicht an den Vampirzahnhund!«
»Er hat Reißzähne«, sagte Sisi, »sie hat die Vampirzähne!«
Sigi gab keine Antwort. Er wollte sich nicht noch mehr aufregen.
Sisi holte eine Karte aus der Schachtel. Es war die Karte mit der Marienkäferfrau. Die Karte war auf der unteren Hälfte braun-grau und verbogen. Sisi schaute die Karte an und meinte verträumt: »Sigi, siehst du den Dreckfleck da? Da haben wir in der Litfaßsäule Blek Pita gespielt, und da ist mir die Karte in den Kanal gefallen.«
Sigi bekam vor Wut fast keine Luft zum Atmen. »Die Karte«, keuchte er, »ist dir am Sonntag ins Kakao-Häferl gefallen!«
Sisi schüttelte den Kopf.
»Ich war doch dabei«, keuchte Sigi weiter.
Sisi sagte: »Gar nicht wahr!« Und dann: »Du hast geträumt!«
Sigi boxte Sisi die Marienkäferkarte aus der Hand.

Sisi biß Sigi in den Arm.
Sigi boxte Sisi in den Bauch.

Sisi kratzte Sigi quer übers Gesicht.
Der Vater kam ins Kinderzimmer und schrie: »Friede, Friede!«
Da Sisi und Sigi ziemlich wohlerzogene Kinder waren, hörten sie sofort auf zu kämpfen. Sisi sagte: »Papa, er glaubt mir schon wieder nicht!«
Sigi sagte: »Papa, sie lügt schon wieder so!«
Der Vater war nicht einer, der von seinen Kindern nur die Namen und die Schuhgröße weiß. Der Vater kannte die Schwierigkeiten von Sigi und Sisi genau. Aber der Vater hatte einen anderen Nachteil. Er glaubte, alle Probleme auf der Welt seien mit ein bißchen Witz und Spaß und Humor zu lösen. Der Vater zwinkerte also Sigi verschwörerisch zu und sagte grinsend zu Sisi: »Na, Sisilein, was glaubt er dir denn nicht?«
»Er glaubt mir die Tschinglbell nicht!« klagte Sisi.
»Ich glaub dir die Tschinglbell!« rief der Vater und zwinkerte wieder.
Sigi blinzelte zurück und bat Sisi scheinheilig, dem Vater doch von der Tschinglbell zu erzählen.
Und Sisi erzählte. Von den meergrün-blauen Haaren, von den sehr spitzen Vampirzähnen, von der Schuhnummer 50, von Lin-Fu und seinen Reißzähnen und seinem Tschingtschang-Gebell. Und vom Kanal unter der Litfaßsäule natürlich auch.
Den Vater freute das ungemein. Er war eben ein heiterer Mensch.
Sigi flüsterte ihm zu: »Alles gelogen! In der Litfaßsäu-

le ist eine Kiste mit Sand zum Streuen. Und den Schlüssel dazu hat der Straßenkehrer!«
»Vielleicht ist der Straßenkehrer der Vater von ihr?« flüsterte der Vater zurück.
Der Vater hatte zu laut geflüstert. Sisi rief: »Seid nicht so dumm! Der Straßenkehrer ist ein türkischer Gastarbeiter, und die Florenz Tschinglbell ist Engländerin!«
»Redest du englisch mit ihr?« fragte Sigi und blinzelte dem Vater zu.
Der Vater zwinkerte zurück wie eine Blinklichtampel. Es war schön, daß er sich mit seinem Sohn so gut verstand.
Sisi sagte: »Die Florenz redet so englisch, daß man sie auch versteht, wenn man nicht Englisch kann!«
»Aha, aha«, riefen Vater und Sohn Sigi im Chor. Sie verstanden sich immer besser. »Lad sie doch ein«, sagte der Vater, »ich möcht sie kennenlernen!«
Sisi wollte nicht. Sie sagte, das sei ganz unmöglich, weil Lin-Fu recht bissig sei und auch Florenz Tschinglbell die Vampirzähne benutzte, wenn sie wütend wurde. Und sie wurde ziemlich leicht wütend.
»Wir werden sie besuchen«, rief der Vater.
»Wir klopfen an die Litfaßsäule, bis sie aufmacht«, schrie Sigi.
»Sie macht nur auf«, sagte Sisi, »wenn man sich telefonisch anmeldet.«
»Sie hat Kanaltelefon?« Der Vater grinste hinter der

vorgehaltenen Hand und trat Sigi gegen das Schienbein, damit er zu kichern aufhörte.
»Keines mit Hörer und Wählscheibe«, verkündete Sisi, »nur so ein Loch in der Mauer, und da kommt meine Stimme heraus, wenn ich mich anmelde.«
»Und wo telefonierst du hinein?« fragte der Vater.
Sisi wollte es nicht sagen. Erstens, weil es geheim war, und zweitens, weil es Tschinglbell verboten hatte, und drittens, weil es angeblich gefährlich war.
Der Vater und Sigi schmeichelten: »Sisi, bitte, bitte, Sisi!«
»Na gut, ich sag es«, seufzte Sisi, »am Klo! In die Klomuschel hinein!«
Sigi und der Vater kreischten los wie die Affen. Sie sprangen im Zimmer herum und brüllten: »Durchs Klo, durchs Klo, sie telefoniert durchs Klo!«
Dann liefen sie zum Klo. Sigi zog die Spülung, und der Vater brüllte in die Muschel: »Hallo, hallo, hier Klo vom zweiten Stock! Florenz Tschinglbell, hörst du mich? Hier spricht der Vater von Sisi! Es ist dringend, dringend!«
»Hört auf«, sagte Sisi, »sie hält gerade ihren Mittagsschlaf!«
Dem Vater war das gleichgültig. Jetzt zog er die Spülung, und Sigi brüllte in die Muschel.
Die Mutter kam aus dem Wohnzimmer und beschwerte sich. »Plemplem«, rief sie, »das hört doch der Meier durchs Klo durch!«

Der Vater hörte mit dem Spülungziehen auf und Sigi mit dem Brüllen. Vor dem Meier hatten sie Angst. Der Meier klopfte immer mit dem Besen, wenn es laut wurde, und Briefe an die Hausverwaltung schrieb er auch. »Wir haben nur Spaß gemacht«, entschuldigte sich der Vater. »Heidenspaß!« sagte Sigi.
Sisi lehnte an der Kinderzimmertür und biß an ihrem linken Daumennagel.
»Bist du uns böse?« fragte der Vater.
Sisi schüttelte den Kopf. »Nicht böse«, sagte sie leise, »aber ich habe Angst um euch!«
»Warum hast du Angst?« Die Mutter verstand gar nichts.
»Ihre Zähne sind so scharf«, murmelte Sisi.
Auf einmal hörte man auf dem Gang vor der Wohnungstür schwere, laute Schritte, die näher kamen, und ein grün-blauer Meergeruch kroch durch das Schlüsselloch. Dann rüttelte es an der Wohnungstür, und eine Stimme, genauso kreischend wie eine Kreissäge, sagte: »Ju haben schreid for mi! Ei em hier! Open das Dor, ju lausige Bastards, ju!«
Sisi ging mit kleinen Schritten durchs Wohnzimmer, vorbei an ihrem Vater, vorbei an Sigi. Sie hatte in jedem Auge eine große Träne. Wenn der Vater auch ein bißchen zu witzig war und Sigi auch nie etwas glauben wollte – sie hatte die beiden doch sehr liebgehabt. Ich werde sie sehr vermissen, dachte Sisi und öffnete ihrer Freundin die Tür.

Henry – traurig

Henri liegt im Bett. Henri weint. Henri hört die Mutter kommen. Henri kriecht unter die Decke.
»Henri, Zeit zum Aufstehen, Zeit zum Zähneputzen«, sagt die Mutter.
Henri – unter der Decke und weinend – gibt keine Antwort. Die Mutter zieht an der Decke. Die Mutter zieht die Decke weg. Henri rollt sich zu einer Kugel zusammen. Die Mutter nimmt die Kugel und trägt sie ins Badezimmer. Sie legt die Henri-Kugel auf den Wuschelteppich vor dem Waschbecken.
»Zähneputzen«, ruft sie. »Zehen waschen«, ruft sie. »Ohren ausputzen«, ruft sie und geht.
Nun ist Henri noch viel trauriger. Wegen der Zähne und der Zehen und der Ohren und der Mutter. Und weil es im Badezimmer nach Haarspray riecht. Haarspraygeruch macht ihn immer besonders traurig.
Henri steht auf. Er schaut in den Spiegel über dem Waschbecken und sagt: »Ich will nicht mehr!«
Henri tut den Stöpsel in das Waschbecken, und dann weint er das Waschbecken voll. Randvoll mit Tränen. Tränen sind salzig. Salziger als Meerwasser. »Ein Meer aus Tränen«, sagt Henri, »ein Tränenmeer!«
»Das Meer ist salzig, aber nicht traurig«, sagt Henri. Henri bekommt eine sehr große Sehnsucht nach dem Meer.

Im Vorzimmer, vor der Badezimmertür, steht Henris Mutter und putzt Henris Schuhe. Henri kann auch nicht zum Badezimmerfenster hinaus. Das Badezimmerfenster ist hoch oben über der Badewanne, und Henri ist sehr klein.
Henri ist sehr dünn. Henri macht sich noch dünner. Er wird so dünn, wie noch nie ein Henri dünn war. Er klettert auf den Badewannenrand und springt von dort in das Waschbecken. Er schwimmt in den Tränen. Er taucht in den Tränen unter. Bis zum Stöpsel. Er zieht den Stöpsel heraus. Als die letzte Träne langsam und traurig durch den Abfluß gluckert, ist auch Henri verschwunden. Die Mutter sucht ihn heute noch. Und sie wird ihn nie finden. Weil sie überhaupt nichts weiß. Nichts von den Tränen und der Sehnsucht und dem Henri.

Anna und die Wut

Es war einmal eine kleine Anna, die hatte ein großes Problem. Sie wurde unheimlich schnell und schrecklich oft wütend. Viel schneller und viel öfter als alle anderen Kinder. Und immer war ihre Wut gleich riesengroß!

Wenn die riesengroße Wut über Anna herfiel, färbten sich ihre Wangen knallrot, ihre seidigen Haare wurden zu Igelstacheln, die knisterten und Funken sprühten, und ihre hellgrauen Augen glitzerten dann rabenschwarz.

Die wütende Anna mußte kreischen, fluchen und heulen, mit dem Fuß aufstampfen und mit den Fäusten trommeln. Sie mußte beißen und spucken und treten. Manchmal mußte sie sich auch auf den Boden werfen und um sich schlagen.

Anna konnte sich gegen die riesengroße Wut nicht wehren. Aber das glaubte ihr niemand. Die Mama nicht, der Papa nicht und die anderen Kinder schon gar nicht. Die lachten Anna aus und sagten: »Mit der kann man nicht spielen!«

Das Schlimmste an Annas riesengroßer Wut war aber, daß jeder etwas davon abkriegte, der der wütenden

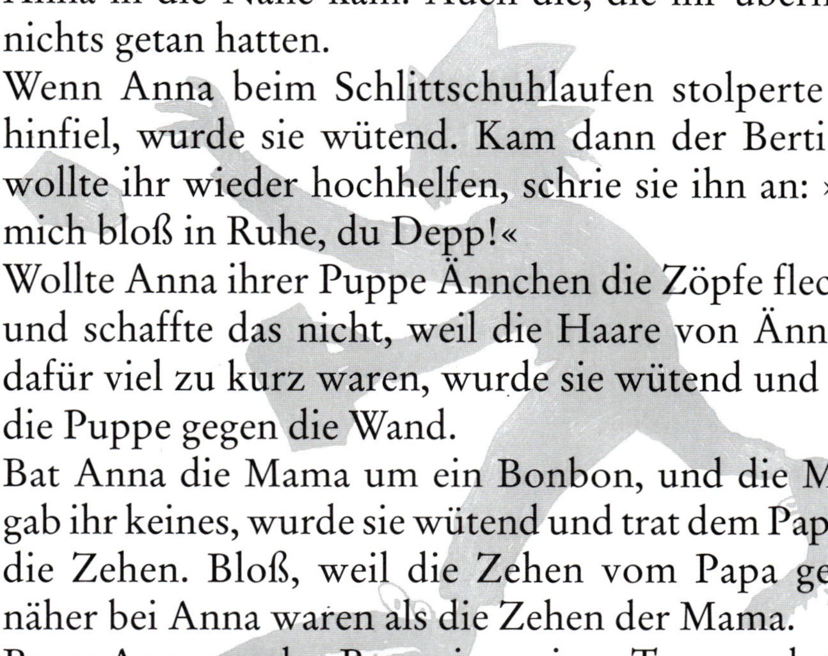

Anna in die Nähe kam. Auch die, die ihr überhaupt nichts getan hatten.

Wenn Anna beim Schlittschuhlaufen stolperte und hinfiel, wurde sie wütend. Kam dann der Berti und wollte ihr wieder hochhelfen, schrie sie ihn an: »Laß mich bloß in Ruhe, du Depp!«

Wollte Anna ihrer Puppe Ännchen die Zöpfe flechten und schaffte das nicht, weil die Haare von Ännchen dafür viel zu kurz waren, wurde sie wütend und warf die Puppe gegen die Wand.

Bat Anna die Mama um ein Bonbon, und die Mama gab ihr keines, wurde sie wütend und trat dem Papa auf die Zehen. Bloß, weil die Zehen vom Papa gerade näher bei Anna waren als die Zehen der Mama.

Baute Anna aus den Bausteinen einen Turm und stürzte der ein, bevor er fertig war, wurde Anna wütend und warf die Bausteine zum Fenster hinaus. Und einer davon traf die Katze am Kopf.

Am wütendsten wurde Anna, wenn die anderen Kinder über sie lachten. Da konnte es dann sein, daß sie auf vier große Buben losging. Doch vier große Buben sind viel stärker als eine kleine Anna! Zwei packten Annas Arme, zwei packten Annas Beine. So liefen sie mit der kreischenden und spuckenden Anna im Park herum und riefen: »Gleich platzt der Giftzwerg vor Wut!« Und alle anderen Kinder kicherten.

Und oft tat sich die wütende Anna selbst weh. Trat sie wütend gegen ein Tischbein, verstauchte sie sich die große Zehe. Oder sie schlug wütend um sich und stieß sich dabei den Ellbogen am Türrahmen blau.
Einmal biß sie sich sogar vor lauter Wut so fest in den eigenen Daumen, daß Blut aus dem Daumen spritzte. Zwei Wochen lang mußte Anna hinterher mit einem dicken Verband am Daumen herumlaufen.
»So kann das nicht weitergehen«, sagte die Mama. »Anna, du mußt lernen, deine Wut runterzuschlucken!«
Anna gab sich große Mühe. Sooft sie die Wut kommen spürte, schluckte sie drauflos! Um besser schlucken zu können, trank sie Wasser literweise. Doch davon bekam sie bloß einen Schlabber-Blubber-Bauch und Schluckauf. Und die Wut wurde noch größer, weil sie sich nun auch über das lästige »Hick-hick« ärgern mußte.
»So kann das nicht weitergehen«, sagte der Papa. »Anna, wenn du die Wut nicht runterschlucken kannst, dann gibt es nur mehr eines: Du mußt der Wut eben aus dem Weg gehen!«
Anna gab sich große Mühe. Weil sie der Wut aus dem Weg gehen wollte, ging sie den großen Buben aus dem Weg und den anderen Kindern auch, damit niemand über sie lachen konnte. Sie ging nicht mehr Schlittschuhlaufen. Sie spielte nicht mehr mit der Puppe Ännchen. Sie bat die Mama nicht mehr um ein Bonbon. Sie baute aus den Bausteinen keinen Turm mehr.

In den Park ging sie auch nicht mehr. Sie saß nur noch daheim in ihrem Zimmer, auf ihrem Korbstühlchen, hatte beide Hände auf den Armlehnen liegen und starrte vor sich hin.

»So kann das nicht weitergehen«, sagten die Mama und der Papa.

»Doch!« sagte Anna. »Wenn ich hier sitzenbliebe, dann findet mich die Wut nicht!«

»Willst du nicht wenigstens ein bißchen stricken?« fragte die Mama.

»Nur nicht!« antwortete Anna. »Da fällt mir dann eine Masche von der Nadel, und ich werde wütend!«

»Willst du nicht wenigstens aus dem Fenster schauen?« fragte der Papa.

»Nur nicht!« antwortete Anna. »Da könnte ich leicht etwas sehen, was mich wütend macht!«

So blieb Anna im Korbstühlchen sitzen, bis am Sonntag der Opa zu Besuch kam. Der brachte für Anna eine Trommel und zwei Schlegel mit. Er sagte: »Anna, mit der Trommel kannst du die Wut wegjagen!«

Zuerst glaubte Anna das gar nicht. Doch weil der Opa Anna noch nie angeschwindelt hatte, war sie dann doch bereit, die Sache zu probieren.

Aber dazu mußte sie zuerst einmal eine ordentliche Wut kriegen. Anna holte die Bausteine, baute einen Turm und sagte zum Opa: »Wenn der nicht zwei Meter hoch wird, krieg ich einen Wutanfall!« Nicht einmal einen Meter hoch war der Turm, da stürzte er schon ein. »Verdammter Mist!« brüllte Anna. Der Opa drückte ihr die Schlegel in die Hände und hielt ihr die Trommel vor den Bauch, und Anna trommelte los!

Der Opa hatte nicht geschwindelt. Das Trommeln verscheuchte die Wut! Anna mußte sogar lachen, als sie den kaputten Turm anschaute!

Den ganzen Sonntag tat Anna Sachen, von denen sie wußte: Da könnte mich leicht die riesengroße Wut überfallen! Sie nähte einen Knopf an. Als im Faden vier Knoten mit vier Schlingen waren und Anna ihre Haare schon igelsteif werden spürte, riß sie den Faden ab und trommelte. Gleich wurden aus den knisternden Stacheln wieder Seidenfransen, und die Wut war weg!

Dann lief Anna ins Wohnzimmer und drehte den Fernseher an. Weil es gerade einen Krimi zu sehen gab und die Mama nie erlaubte, daß Anna einen Krimi anguckte. Die Mama kam und drehte den Fernseher ab. Annas Wangen wurden knallrot vor Wut! Diesmal mußte sie ziemlich lange trommeln, doch es gelang wieder! Die Knallröte verschwand, ganz friedlich und sanft fühlte sich Anna, als sie die Trommel wegstellte.

Am Montag ging Anna mit der Trommel in den Park. »Da kommt ja der kleine Giftzwerg«, rief ein großer Bub, und die anderen Kinder lachten.

Annas Augen glitzerten rabenschwarz, wie wild schlug sie auf die Trommel und marschierte an dem großen Buben vorbei. Da rissen alle Kinder vor Staunen die Augen und die Mäuler auf und marschierten hinter Anna her. Dreimal machte Anna im Park die Runde, dann ließ sie endlich die Trommelschlegel sinken. Alle Kinder klatschten Beifall und riefen: »Du kannst ja wunderschön die Trommel schlagen!« Das meinten sie wirklich ehrlich.
Seither hat Anna die Trommel immer, vom Morgen bis zum Abend, vor den Bauch gebunden. Die Schlegel baumeln von ihrem Gürtel. Und kein Kind sagt mehr: »Die Anna spinnt!«
Alle Kinder wollen mit ihr spielen. Dauernd bitten sie Anna: »Sei lieb, trommel uns ein bißchen was vor!«
Anna ist gern so lieb. Aber langsam weiß sie schon nicht mehr, woher sie so viel Wut kriegen soll!

Thomas und Bille

Fünf Jahre lang war die Bille die Freundin von Thomas. Und da der Thomas zehn Jahre alt ist, war das sein halbes Leben lang. Dann zog der Konrad ins Nachbarhaus der Bille. Der war auch zehn Jahre alt, und die Bille verliebte sich in ihn auf den ersten Blick! »Tut mir leid«, sagte sie zum Thomas. »Aber unsere Liebe ist jetzt aus!«

Der Thomas war sehr traurig. Und die Traurigkeit hörte nicht auf. Und er nahm sich keine neue Freundin, obwohl er leicht zehn hätte haben können.

»Wie können wir dir denn bloß helfen?« fragten der Papa und die Mama.

»Wie können wir dir denn bloß helfen?« fragten auch die große Schwester und der kleine Bruder.

Aber der Thomas wußte keine Antwort darauf.

Dann, eines Tages, nach vielen Wochen, rief die Bille an und sagte zum Thomas: »Die Liebe mit dem Konrad ist aus. Willst du wieder mein Freund sein?«

»Ich komme!« rief der Thomas und legte den Hörer wieder auf.

»Mit der Kuh würd ich kein Wort mehr reden!« sagte der kleine Bruder.

»Bist nicht ihr Hanswurst«, sagte die große Schwester.

»Wo sie dir so viel Kummer gemacht hat«, sagte die Mutter.

»Da hätt ich meinen Stolz«, sagte der Vater.
Der Thomas zog seine Jacke an und seine Schuhe.
»Dir ist nicht zu helfen!« riefen der Papa, die Mama, die große Schwester und der kleine Bruder.
»Jetzt braucht mir ja auch niemand mehr zu helfen!« rief der Thomas und lief aus der Wohnung. Und dachte: Die sind vielleicht komisch! Wollen, daß ich ewig traurig bleibe!

Das Gespenst

Es war einmal ein kleiner Michi, der wollte unbedingt eine Pistole haben. Aber er bekam keine! »Nur böse Kinder schießen!« sagte seine Mama.
»Pistolen sind zum Totschießen und kein Spielzeug!« sagte sein Papa. Und die Oma sagte: »Waffen sind für den Krieg, und Krieg ist pfui!«
Einmal spielte Michi im Hof. Mit seinem Stofftiger. Da kam die Hausmeisterin und ging zu den Mülltonnen. »Solche Dreckerten«, sagte sie zum Michi. »Können ihren Dreck nicht einmal in die Tonnen reinstopfen!«
Weil dem Michi ohnehin langweilig war, half er der Hausmeisterin beim Dreckwegputzen. Er hielt die Schaufel, und die Hausmeisterin kehrte Mist drauf. Wenn die Schaufel voll war, leerte sie der Michi in eine Mülltonne. Fast der ganze verstreute Abfall war schon weggeputzt, da rief die Hausmeisterin: »Schau, was da ist!« Sie bückte sich und hob eine Pistole auf. Eine wunderschöne! Hinten aus braunem Holz, vorne aus schwarzem Metall. Nagelneu schaute die Pistole aus.
»Jetzt hast du eine Belohnung fürs Helfen«, sagte die Hausmeisterin.
»Ich darf keine Pistole haben«, sagte der Michi. »Weil nur böse Kinder schießen und Waffen kein Spielzeug sind und für den Krieg gehören und der Krieg pfui ist!«
»Na ja«, sagte die Hausmeisterin.

»Dabei würd ich dringend eine brauchen«, sagte der Michi. »Jede Nacht kommt nämlich ein Gespenst zu mir. Das tanzt um mein Bett herum und läßt sich nicht vertreiben. Es hat nur vor Pistolen Angst!«
»Das werden wir gleich haben«, sagte die Hausmeisterin. »Komm rein zu mir! Und nimm deinen Stofftiger mit!«
Der Michi ging mit der Hausmeisterin in die Hausmeisterwohnung. Die Hausmeisterin nahm den Stofftiger, trennte ihm die Bauchnaht auf, holte eine Menge Schaumstoffflocken aus dem Tigerbauch und steckte die Pistole in das Bauchloch. Dann nähte sie die Bauchnaht wieder zu.
Seither schläft der Michi immer mit dem Stofftiger im Arm. Und wenn das Gespenst in der Nacht ins Zimmer kommt und den Michi aufweckt, dann hält der Michi dem Gespenst den Stofftiger hin. Kreischend rennt das Gespenst dann davon. Gestern ist das Gespenst sogar vor lauter Schreck zum Fenster hinausgesprungen. Hinterher hat der Michi ein schreckliches Stöhnen gehört. Wahrscheinlich hat sich das Gespenst ein Bein gebrochen und muß jetzt einen Beingips bekommen. Da wird es sicher ein paar Wochen lang daheim bleiben müssen. Vielleicht hat es nach den sechs Wochen dann vergessen, daß es einen kleinen Michi gibt.

Über das Glück im Handel

Üblicherweise wird das Glück in Füllhörner verpackt angeboten. Im Einzelhandel ist es jedoch selten erhältlich. Es ist ein Versandhaus-Artikel. Allerdings findet man es in den Versandhaus-Katalogen nicht abgebildet, und auch die Bestellnummer ist meistens nicht angegeben.

Wenn man bei den Versandhaus-Chefs deswegen Beschwerde führt, heißt es entweder, da sei leider in der Druckerei ein Mißgeschick passiert. In der nächsten Ausgabe des Katalogs werde das bereinigt. Oder sie sagen, im Moment sei der Artikel nicht auf Lager, weil er aus dem Ausland komme und es da gewisse Probleme mit dem Zoll gebe!
Seit Jahren reden sie sich so raus!
Nur in einem einzigen Versandhaus-Katalog wird das Glück wirklich angeboten. Der kommt zweimal im Jahr von einem Versandhandel für Bastler. Lauter Do-it-yourself-Zubehör kann man da bestellen. Und auf der letzten Seite steht immer:

»Mit dem Zimmerspringbrunnen Flora (bestehend aus 17 einfach zu montierenden Bauteilen) liefern wir Ihnen das Glück ins Wohnzimmer.«

Aber ich finde es nicht richtig, daß ich jedesmal, wenn ich Glück kaufen will, noch zusätzlich einen Zimmerspringbrunnen erwerben muß. Einmal die Woche würde ich mir nämlich schon gern ein bißchen Glück leisten. Und da käme ich ja auf zweiundfünfzig Zimmerspringbrunnen im Jahr! In meiner kleinen Wohnung sind die wirklich nicht unterzubringen!

Der Wolf und die sieben Geißlein

Eine Richtigstellung

Die Geschichte vom Wolf und den sieben Geißlein ist wahrheitsgetreu überliefert. Bis auf den Schlußsatz. Da heißt es ... »und lebten zufrieden und glücklich bis an ihr Ende.« Hier lügt das Märchenbuch!

Für die, die sich an das Happy-End des Märchens nicht mehr erinnern: ... Da holt das siebente Geißlein die Mutter, sie schneiden dem Wolf den Bauch auf, holen die sechs Geschwister heraus, tun ihm Steine in den Bauch, nähen ihn wieder zu und verstecken sich. Und der Wolf wacht auf, hat Durst, geht zum Brunnen, beugt sich über den Brunnenrand und stürzt in den Brunnen hinein. Und ersäuft, weil er wegen dem steinschweren Bauch nicht schwimmen kann.

Kann sich irgendeiner, außer einem chronischen Schwachkopf, vorstellen, daß es mit den Geißenkindern gut weiterging? Doch kaum! Das siebente Geißlein, das Nichtgefressene, wurde in der ganzen Gegend bestaunt und bewundert und als Retter der Familie gepriesen. Das stieg ihm zu Kopfe! Alle paar Minuten bekamen seine Geschwister zu hören: »Wenn ich nicht gewesen wäre, gäb's euch heute überhaupt nicht mehr!« Und dauernd meckerte es, daß die Geschwister dies nicht genug anerkannten. Das beste Bettchen beanspruchte es und die besten Bissen auch. Belehren durfte man es schon gar nicht mehr.

»Ich bin doch schlauer als ihr alle zusammen«, sagte es dann.
Schließlich bestellte es beim Grabsteinmetz noch eine große Marmortafel, mit Goldbuchstaben drauf. *Geburtshaus des berühmten siebenten Heldengeißleins* stand auf der Tafel. Das siebente Geißlein dübelte die Tafel an die Hausmauer. Da wurde es den Geschwistern zu bunt! Und das erste Geißlein sagte scheinheilig: »So ein Held wie unser kleiner Bruder müßte eigentlich längst in eine Fernsehshow kommen!«
Das zweite Geißlein sagte: »Wieso ihn noch niemand ins TV geholt hat?«
Das dritte Geißlein sagte: »Weil die Fernsehleute nichts von ihm wissen! Die sind ja in der großen Stadt vor den sieben Bergen, hinter denen wir wohnen!«
Das vierte Geißlein sagte: »Und falls sie es gehört haben, glauben sie es nicht. Ist ja auch unglaublich. Die würden das nur glauben, wenn sie unseren kleinen Bruder sehen! Sein Heldentum sieht man ihm ja gleich an!«
Da machte sich das siebente Geißlein auf den Weg. Über die sieben Berge. Und ward nie mehr gesehen. Vielleicht irrt es heute noch zwischen dem vierten und dem dritten Berg herum. Oder einer hat es eingefangen und gebraten. Oder es ist auch etwas ganz, ganz anderes mit ihm passiert. Die sechs Geißlein lebten von da an mit ihrer Mutter zufrieden und glücklich bis an ihr Ende.

Ein neues Gesetz

Es war einmal ein herzensguter König, der beschenkte jedes Jahr zu seinem Geburtstag seine Untertanen mit großen Reichtümern. Ein Jahr kamen alle Männer dran, ein Jahr alle Frauen, ein Jahr alle Kinder. Als wieder einmal die Kinder an der Reihe waren, wollte er für jedes Kind ein BMX-Rad kaufen. Doch sein Finanzminister sagte: »Chef, in diesem Jahr geht's nicht! Die Kasse ist komplett leer!« Da fing der König zu weinen an. Aber sein Sohn sagte zu ihm: »Hör zu heulen auf, Papa. Schenk den Kindern eben etwas, was kein Geld kostet!«

»So was gibt's doch nicht!« schluchzte der König.

»Doch!« sagte der Sohn. »Schenk ihnen ein Gesetz! Eines, in dem steht, daß die Erwachsenen Kinder nicht mehr schlagen dürfen und nicht mehr mit ihnen schimpfen dürfen. Und auslachen und allein lassen und herumschubsen und nicht ernst nehmen verbietet das Gesetz auch. Alles, was böse ist, darf Kindern nicht mehr angetan werden!«

»O.K.!« rief der König, trocknete seine Tränen und erließ ein wunderbares Gesetz, welches alle Gemeinheiten gegen Kinder unter strengste Strafe stellte. Doch als er ein paar Wochen später bei den Kindern nachfragte, ob sie wohl Freude an seinem Geschenk hätten, wurde er bitter enttäuscht.

»Dein Gesetz ist Mist«, sagten die Kinder. »Hält sich ja keiner dran!« Der König lief heim und beschwerte sich bei seinem Sohn. »Tut mir leid, das habe ich nicht bedacht«, sagte der Sohn. »Wenn das so ist, mußt du eben eine Kinderschutzpolizei gründen, die drauf schaut, daß die Gesetze eingehalten werden.«
»O.K.!« rief der König und gründete die Kinderschutzpolizei. Eine Geheimpolizei war das. Denn die größten Gemeinheiten gegen Kinder werden ja im geheimen begangen.
Als Klofrauen und Schaffner, Hausmeister und Gaskassierer, Tischler, Schulwarte und Verkäuferinnen haben sich die Geheimpolizisten verkleidet. Überall waren sie! Und niemand hat gewußt, ob der kleine, blaue Mann, der die elektrischen Leitungen kontrolliert, tatsächlich ein Elektriker ist oder nicht doch ein Kinderschutzpolizist. Nicht einmal von der dicken Frau, die im Bus auf Kinder losgeschimpft hat, hat man wissen können, ob sie es ehrlich so meint. Hätte ja auch eine listige Tarnung einer Kinderschutzpolizistin sein können! Und darum haben sich alle Erwachsenen brav an das Gesetz gehalten. Weil ja auf jeden Verstoß hohe Geldstrafen gestanden sind! Und mit den Jahren haben sich die Erwachsenen so ans Freundlichsein zu Kindern gewöhnt, daß sie es freiwillig getan haben, ganz ohne Zwang. Und alle geheimen Kinderschutzpolizisten konnten den Beruf wechseln. Und so lebten von da an alle Menschen glücklich zusammen.

Jonny

Jonny geht nach Hause. Jonny kommt von der Schule. Jonny singt. Jonny singt nur deshalb, weil hinter ihm der Diringer aus seiner Klasse geht und der Diringer nicht merken soll, wie vergrämt der Jonny ist. Der soll denken, daß dem Jonny der Vierer aufs Diktat ganz Wurscht ist und der Fünfer auf der Rechenprobe auch. Den Diringer jedenfalls, diesem Muster-Einser-Himbeerburli, wird der Jonny nicht merken lassen, daß ihn schlechte Noten stören.
Die schlechten Noten stören ihn ja auch gar nicht. Das Gesicht der Lehrerin stört den Jonny. Der Mund der Lehrerin stört den Jonny. Der Mund mit den Silberrosa-Lippenstift-Lippen. Wenn der Silberrosa-Lippenstift-Lippen-Mund sagt: »Na ja, der Jonny!« Und die Augen der Lehrerin stören den Jonny. Die Lehrerinnen-Augen sind grau, mit einem dünnen schwarzen Tuschestrich am oberen Lid und grünem Lidschatten darüber. Wenn die Lehrerinnen-Augen den Diringer anschauen, sind sie hübsch. Fast so hübsch wie die Augen bei der Wimperntusche-Fernsehreklame. Wenn die Lehrerinnen-Augen den Jonny anschauen, muß der Jonny denken: Die mag mich nicht. Der wär's lieber, ich wär gar nicht hier.
Jonny ist bei der Kreuzung vor der Siedlung. Die Ampel ist rot. Der Diringer holt den Jonny ein. Der Di-

ringer redet, redet von einer Tante Anna und einem Auto, das auf dem Teppich herumfährt, wenn man auf einen Knopf drückt. »Ferngesteuert«, sagt der Diringer. Jonny gibt keine Antwort.
Die Ampel wird grün.
Jonny geht über die Straße.
Der Diringer bleibt neben ihm. Er fragt: »Auf welcher Stiegen wohnst denn?«
»Vierzig«, murmelt der Jonny.
»Ich wohn auf der siebziger Stiege«, sagt der Diringer.
»Na und?« sagt der Jonny.
»Nix na und«, sagt der Diringer, »ich hab dir's nur g'sagt!«
»Interessiert mich aber nicht!« sagt der Jonny.
Die neue Siedlung, in der Jonny und der Diringer wohnen, ist sehr groß. Jonny hat die Wohnungen gezählt. Das geht leicht. Die Häuser stehen in Reihen. In acht Reihen, und in jeder Reihe sind zwölf Häuser, und jedes Haus hat sechs Stiegen und jede Stiege sieben Stockwerke und jedes Stockwerk drei Wohnungstüren. 8 mal 12 mal 6 mal 7 mal 3 ergibt 12 096 Wohnungstüren.
Der Diringer redet noch immer. Daß er heute nachmittag für die Rechenschularbeit lernen wird.
»Trottel«, sagt der Jonny.
Der Diringer sagt: »Du Depp«, dann bleibt er stehen. Er will nicht mehr neben Jonny gehen.
Jonny geht weiter. Auf dem Weg liegt eine Konser-

venbüchse. Jonny spielt Fußball mit ihr. Den Weg entlang, bis zur sechsten Häuserreihe, um die Ecke, bis zur vierziger Stiege.

Vor dem Haustor stehen die Frau Steiner und die Frau Dolezal. Jonny gibt der Konservenbüchse einen Tritt, sie fliegt über den Rasen, landet auf dem Weg vor der siebten Häuserreihe.

Die Frau Dolezal fragt den Jonny, ob er ihre Gabi gesehen hat. Und die Frau Steiner fragt ihn, ob er ihren Hansi gesehen hat.

»Nein«, sagt der Jonny.

Das stimmt nicht. Jonny hat die Gabi und den Hansi gesehen. Die beiden stehen vorn beim Kaugummiautomaten und versuchen, die Kaugummis herauszuholen, ohne Geld einzuwerfen.

Jonny will zwischen der Dolezal und der Steiner ins Haus schlüpfen. »Putz dir die Schuhe ab«, keift die Steiner.

Jonny stellt sich auf den Fußabstreifer und scharrt mit den Füßen wie ein Zirkuspferd, das Zucker haben will.

»Hör schon auf!« keift die Dolezal. Und: »Daß du net wieder Aufzug fahrst! Unter zwölf ist's verboten.«

Jonny rennt die Treppen hinauf. Zehn Stufen – drei weiße Türen – zehn Stufen – ein Milchglasfenster – zehn Stufen – drei weiße Türen – zehn Stufen – ein Milchglasfenster ... Im siebten Stock bleibt Jonny stehen. Er greift zwischen Hemdkragen und Hals und zieht eine Schnur aus dem Hemd. An der Schnur hängt der Wohnungsschlüssel. Jonnys Mutter will das so. Jonny sperrt die Wohnungstür auf, hängt seine Jacke an einen Haken der Garderobe. Alle anderen Haken sind leer. Jonnys Schwester ist im Kindergarten. Jonnys Vater in der Werkstatt. Jonnys Mutter in der Seifenfabrik.

Jonny geht in die Küche. In der Küche riecht es. Es duftet nicht. Es stinkt nicht. Es riecht. Jonny mag den Geruch nicht. Er öffnet das Küchenfenster.

Auf dem Gasherd steht ein Topf. Auf dem Deckel vom Topf liegt ein Zettel. Darauf steht: *Aufwärmen, Gas klein drehen, Bussi Mutti.*

Jonny liest den Zettel nicht, weil er genau weiß, was draufsteht. Jeden Tag liegt so ein Zettel auf dem Topf. Und Jonny weiß auch, was im Topf drin ist: Nudeln von gestern, ein Stück kleingeschnittene Knackwurst und eine Menge Tomatensoße. Die Tomatensoße hat Jonnys Mutter heute früh gekocht. Um sechs Uhr am Morgen. Zwischen dem Soßemachen und dem Tomatenmarkverrühren hat Jonnys Mutter noch ein Hemd gebügelt, eine Strumpfhose gestopft und einen Pullover gewaschen. Deshalb hat die Soße Bröckerln bekommen, und außerdem ist die Tomatensoße versalzen.

Jonny sucht in den Küchenschubladen. Er findet ein Sackerl mit kandierten Kirschen und einen Beutel mit Nußkernen. Jonny geht ins Wohnzimmer, legt sich auf die Sitzbank, ißt die Kirschen und die Nußkerne und

überlegt: Jetzt sollte ich die Tomatensoße essen und dann das Diktat verbessern und die Rechenprobe auch und dann die Zeichnung vom Waldrand fertig machen und dann die Schuhe von der Mama zum Schuster tragen. Jonny hat zu alldem keine Lust. Die Soße hat Bröckerln, und das Diktat hat dreißig Fehler, und die Rechenprobe muß er ganz neu schreiben, hat die Lehrerin gesagt. Die Zeichnung vom Waldrand ist viel zu braun, und den Schuster kann der Jonny nicht leiden.
Jonny schleckt die klebrigen Finger ab und fischt eine Illustrierte unter der Sitzbank hervor. In der Illustrierten sind eine Menge Königinnen und eine Menge nackter Frauen. Mit dem Berger zusammen schaut der Jonny gern nackte Frauen an und mit der Mama zusammen gern Königinnen. Wenn Jonny allein ist, mag er weder Königinnen noch nackte Frauen. Jonny schmeißt die Illustrierte unter die Sitzbank zurück. Er steht auf und geht auf den Balkon. Er lehnt sich ans Balkongitter. Gegenüber sind 6 mal 7 mal 3 leere Balkons. Jonny schaut nach links und nach rechts. Leere Balkone mit verwelkten Pelargonienstöcken in den Blumenkästen.
Er beugt sich vor und schaut nach unten. Auf dem Balkon unter ihm liegt ein kaputter Liegestuhl, auf dem Balkon darunter sieht Jonny ein Sesseleck.
Jonny holt eine Schnur aus der Hosentasche. Die Schnur ist dünn und lang. Sie reicht bis zum dritten Stock. Der Wind treibt sie hin und her. Plötzlich macht

die Schnur in Jonnys Hand einen Ruck. Und dann ist die Schnur weg. Am Balkon im fünften Stock – dem mit dem Sesseleck – lehnt jetzt ein Mädchen. Es hält Jonnys Schnur in der Hand und grinst.
Jonny starrt wütend auf das Mädchen. Es hat schwarze Haare und blaue Augen und eine sehr kleine Nase. Jonny mag sehr kleine Nasen. »Gib mir meine Schnur«, schreit Jonny.
»Hol dir's!« Das Mädchen mit der sehr kleinen Nase grinst.
»Das ist eine echte Drachenschnur«, brüllt Jonny.
»Na und?« Das Mädchen läßt die echte Drachenschnur baumeln.
»Du hast mir's gestohlen!« Jonny beugt sich weit vor.
»Na und!« Das Mädchen wickelt die Schnur um die Hand.
Jonny ruft: »Kannst nix anderes wie ›na und‹ sagen?«
»Na und?« sagt das Mädchen.
»Bist du die Meier-Michi aus dem fünften Stock?« fragt Jonny, obwohl er genau weiß, daß das Mädchen die Meier-Michi aus dem fünften Stock ist. Das Mädchen nickt. »Ich heiße Jonny«, sagt der Jonny.
»Weiß ich«, sagt die Meier-Michi.
»Ich hab ja auch gewußt, daß du die Meier-Michi bist«, sagt der Jonny.
Die Meier-Michi nickt wieder, dann fragt sie: »Wenn ich das Schnürl raufschmeiß, kannst es fangen?«
Jonny sagt, ja klar kann er das Schnürl fangen. Aber die

Meier-Michi meint, sie kann die Schnur nicht so hoch werfen, und dann meint sie, der Jonny soll doch herunterkommen und sich die Schnur holen.
Jonny starrt nach unten auf die sehr kleine Nase unter den blauen Augen. Die blauen Augen über der sehr kleinen Nase starren nach oben zu Jonny.
Jonny geht vom Balkon ins Wohnzimmer, dann ins Vorzimmer. Er holt seine Geldbörse aus der Schultasche, schlüpft in die Jacke, geht aus der Wohnung und langsam die Treppe hinunter. Im fünften Stock bleibt er stehen. Er lehnt sich an die Aufzugstür und wartet.
Die Meier-Tür geht auf. Die Meier-Michi hält ihm die Drachenschnur entgegen.
»Behalt sie«, sagt der Jonny, »ich brauch sie nimmer. Ich geh jetzt schaukeln!«
»Auf dem Kinderspielplatz?« fragt die Meier-Michi.
»Bist blöd?« sagt der Jonny. »Ich bin doch kein Baby. Ich geh zum alten Wirtshaus runter. Zu den großen Schaukeln, die ganz rund-uma-dum gehn. Die wo einmal Hutschen vier Schilling kostet!«
»Nimmst mich mit?«
Der Jonny sagt nicht ja und nicht nein.
»Nimmst mich mit?« fragt die Meier-Michi noch einmal.
»Von mir aus«, murmelt der Jonny.
Die Meier-Michi greift in den Halsausschnitt ihres Kleides und zieht eine dünne Kette aus dem Ausschnitt. Daran baumelt ein Schlüssel. Die Meier-Michi

versperrt die Tür und sagt: »Blöd, gelt! Aber die Mama hat sonst Angst, daß ich den Schlüssel verlier.«
Jonny greift unter die Jacke und holt ein Stück von seiner Schlüsselschnur heraus. »Ich hab auch so eine Hundsketten«, sagt er.
Die Meier-Michi sagt: »Andere Kinder haben eine goldene Ketten mit einem Schutzengel dran.«
»Ich brauch keinen Schutzengel«, erklärt der Jonny, »ich paß selber auf mich auf.« Und dann sagt er: »Du, Michi, wir hutschen ganz hoch! Immer rund-umadum, rund-uma-dum, und wenn nicht viele Leute dort sind, dann laßt uns der alte Hutschenmann für vier Schilling eine halbe Stunde hutschen, und ich hutsch dich dann so schnell, daß dir die Luft in die Ohren zischt!«
Die Meier-Michi nickt. Sie geht neben Jonny die Treppe hinunter. »Fein wird das werden«, sagt sie. »Ich schrei dann ganz laut, wenn wir rund-uma-dum hutschen.«
»Schrei nur, schrei soviel du willst«, sagt der Jonny.
Die Meier-Michi macht dem Jonny vor, wie sie schreien wird. Ganz laut und ganz hoch und ganz lang. Der Jonny schreit mit. Noch lauter. Aber nicht so hoch.
Sie laufen an der Steiner und der Dolezal vorbei, die noch immer vor der Haustür stehen. Die Steiner und die Dolezal schimpfen hinter ihnen her wegen des lauten, hohen, tiefen und langen Geschreis.
Die Michi und der Jonny rennen quer über den Rasen,

auf dem eigentlich nur Hunde sein dürften. Sie schreien noch immer und lachen und wissen beide ganz genau, daß die großen Hutschen beim Wirtshaus unten seit drei Wochen abgerissen sind. Und das alte Wirtshaus auch. Dort baut die Siedlungsgenossenschaft eine neunte Häuserreihe auf.

Zentimetersorgen

Anna und Berta waren gleich alt. Anna war für ihr Alter um zwanzig Zentimeter zu groß. Worunter sie sehr litt. Berta war für ihr Alter um zwanzig Zentimeter zu klein. Worunter sie sehr litt.

Anna und Berta schlossen Freundschaft miteinander, und alle anderen meinten: »Die zwei passen ja ganz unmöglich zusammen!« Die zwei paßten aber sehr gut zusammen. Weil geteiltes Leid halbes Leid ist. Und weil jede, für sich allein, ein Zwanzig-Zentimeter-Leid hatte, wurde daraus, wenn sie zusammen waren, ein Zehn-Zentimeter-Leid. Auch wenn alle anderen bloß den Vierzig-Zentimeter-Unterschied sahen.

Der Rabe

Zwei Knaben
lebten sehr inniglich zusammen
mit einem Raben.
Der fraß nur
Kalbfleisch auf Erbsenreis
und Hummer pur.
Nach tausend Tagen
mußten sich die deprimierten Knaben
ehrlich sagen:
Das heikle Vieh kommt uns zu teuer!
Wir schaffen's nie!
Es kann nichts dafür.
Aber besser wäre es,
wir setzten es vor die Tür!
Dieses taten
die zwei Knaben augenblicklich,
aber – gut geraten –
durchs weit offene Fenster
flatterte der Rabe wieder herein.
Den tiefbetroffenen Knaben zum Schreck
krächzte der Kerl: Auf ewig euer zu sein,
ist mein Lebenszweck!

Hugos dritte große Liebe

Hugos dritte große Liebe hieß Lieserl. Das Lieserl lebte in Fritzenfron an der Frastanz. Dort wohnte das Lieserl in einem sehr hohen Haus oben auf dem Dach. Das hohe Haus hatte ein Flachdach, und mitten auf dem Flachdach stand ein kleiner Bungalow, der gehörte dem Lieserl. Hugo landete mit seinem Luftschiff aus Zeitungspapier hin und wieder auf diesem Flachdach als Zwischenlandung – wenn er müde war. Oder wenn ein nicht vorhersehbarer Regenguß sein Luftschiff aufgeweicht hatte.

Hugo liebte das Lieserl wegen ihrer »schönen Seele«. Sie war nämlich der gütigste und hilfsbereiteste Mensch, den man sich vorstellen kann. Immer, wenn Hugo bei ihr zwischenlandete, hatte sie ein paar gute Worte für ihn und ein schönes, festes Blatt Zeitungspapier und eine Lakritzenstange und ein Glas Tee, brennheiß oder eiskalt, je nachdem, wie das Wetter gerade war.

Das Lieserl, fand Hugo, war ein Mensch zum Wohlfühlen, zum Ausruhen, zum Kopf-an-die-Schulter-Legen. Sie war ein Mensch zum Dableiben, zum Bei-dir-geht-es-mir-gut-Fühlen.

Hugo war zwar erst ein Kind in den besten Jahren, aber so wie es aussah – und Hugo sah das sehr genau – , würde sich da nicht mehr viel ändern bei ihm.

Drei Internisten, zwei Orthopäden und ein Pädagoge hatten das mit Attesten bescheinigt: »Wird ein Kind bleiben. Mit Erwachsenwerden ist nicht mehr zu rechnen!« stand auf den Attesten.
In der Zeit, in der Hugo mit dem Lieserl zusammen war, überlegte er oft und heftig, ob es ihm nicht doch noch gelingen sollte, richtig erwachsen zu werden. Dann hätte er das Lieserl heiraten und für immer mit ihr zusammenleben können.
Nur eines war dem Hugo an dem Lieserl nicht recht geheuer, und das war es dann auch, woran die Liebe zerbrach. Das Lieserl hatte eine Lebensaufgabe, die sie sehr in Anspruch nahm. Das Lieserl war eine »Aufdeckerin«. Das »Aufdecken« oder auch »Abdecken« war ihre Leidenschaft. Das Lieserl hatte sich schon als sehr, sehr kleines Mädchen immer über die sonderbare Form der Fritzenfroner Pflastersteine gewundert.
»Wieso, Mama«, fragte sie beim täglichen Spaziergang, »wieso haben unsere Pflastersteine Ohren?«
»Das sind keine Ohren, Lieserl«, sagte die Mutter, »das ist bloß ein hübsches Muster! Der Straßen-Designer hat es sich ausgedacht. Damit die Straßen hübsch aussehen. Einfache Würfel waren ihm zu langweilig.«
Jahre später, als Lieserl schon groß genug war, allein spazierenzugehen, trat sie einmal auf einen Pflasterstein, der locker war. Er wackelte unter ihren Füßen. Lieserl wippte, wie Kinder das gerne tun, ein wenig auf dem Stein, und da wurde er ganz locker.

Lieserl probierte, den Stein aus dem Pflaster zu heben. Sie wollte sehen, ob vielleicht ein Regenwurm, eine Assel, ein Tausendfüßler oder sonstiges Getier unter dem Stein lebte. Lieserl war nämlich seit Wochen hinter einem Wurzelgefährten für ihre Zimmerlinde her. Die Zimmerlinde hatte ihr geklagt, daß sich ihr unterer Teil, der im Topf vergrabene, recht einsam fühle und nach einem Haustier sehne. »Und wenn dir das Haus-

tier die Wurzeln abfrißt?« hatte Lieserl besorgt gefragt, und die Zimmerlinde hatte geantwortet: »Auf ein paar Würzelchen mehr oder weniger soll es mir nicht ankommen, alles ist besser als finstere Einsamkeit!«
Lieserl hob also, in der Hoffnung auf irgendein Erdgetier, den Pflasterstein aus. Aber unter dem Pflasterstein war gar keine Erde, da war ein dünne Schicht zerbröselter Beton, und als das Lieserl den wegputzte, kam eine rostzerfressene Blechplatte zum Vorschein, die ließ sich auch herausheben. Unter ihr war eine Schicht Isolierwatte, dann kam eine schwarze Plastikfolie, welche Lieserl mit ihrem Klappmesser herausschnitt. Dann kam eine Lage Stukkaturschliff, die Lieserl herausrupfte.

Dann mußte Lieserl noch eine dünne Lage Mörtel abkratzen und stieß auf ein festes, weißes Papier. Lieserl schnitt das Papier mit dem Klappmesser aus. Auf der nach unten gekehrten Seite war das Papier mit einem Rosenmuster bedruckt. Als das Papier weg war, konnte Lieserl in ein kleines Stübchen schauen. Die Wände vom Stübchen hatten auch ein Rosenmuster, und auf dem Holzfußboden lag ein Fleckerlteppich. Auf dem stand ein Schirmständer mit einem schwarzen Schirm und ein Kleiderständer, auf dem ein Mantel hing.

»Pardon, das wollte ich nicht«, sagte das Lieserl. Ihrer schönen Seele war es peinlich, jemandem ein Loch in die Zimmerdecke geschnitten zu haben. Da aber auch schöne Seelen neugierig sind, griff das Lieserl in das

Stübchen hinein, nach dem kleinen schwarzen Schirm, weil der so wunderlieb war und kaum größer als Lieserls Daumennagel.
Für einen daumennagelgroßen Schirm war er allerdings recht schwer. So schwer wie ein normaler Herrenschirm war er. Und während ihn Lieserl aus dem Loch herauszog, wurde er auch normal groß. Einen ganz gewöhnlichen, achtzig Zentimeter langen Herrenschirm hielt das Lieserl in der Hand. »Sonderbar, sonderbar«, murmelte das Lieserl aufgeregt, legte den Schirm zur Seite und griff nach dem zündholzschachtelgroßen Mantel. Auch der wuchs, während ihn Lieserl durch das Loch zog, zu einem Herrenmantel Größe 56 an!
Jetzt probier ich noch den Kleiderständer, dachte das Lieserl. Aber da gingen in den Rosenmusterwänden zwei kleine Türen auf, und Erde, sehr viel Erde kam zu den Türen herein, bedeckte im Nu den Schirmständer und den Kleiderständer, stieg immer höher an und füllte das Stübchen und das Loch komplett aus.
Lange noch stand das Lieserl da und starrte auf das mit Erde gefüllte Loch. Erst als es dämmrig wurde, ging das Lieserl nach Hause. Den Schirm und den Mantel ließ sie neben dem Loch liegen, weil sie dafür keine Verwendung hatte.
Von diesem Tag an ging Lieserl nur noch mit gesenktem Kopf spazieren, ohne Interesse für Himmel, Häuser, Bäume und Leute. Nur nach lockeren Pflasterstei-

nen schaute sie aus. Sie entdeckte auch welche. Und hob sie aus. Unter den meisten von ihnen war bloß zerbröselter Beton und darunter Schotter. Aber hin und wieder legte Lieserl auch Stübchen frei. Einmal ein Wohnzimmer, einmal eine Zahnarzt-Ordination, einmal ein Klo, einmal ein Büro. Und jedesmal war es wie beim ersten abgedeckten Pflasterstein! Was Lieserl aus den Löchern holte, wurde beim Lochverlassen normal und ordentlich groß. Und nach kurzer Zeit der Aufdeckung quoll auch ins Wohnzimmer, ins Klo, ins Büro und in die Zahnarzt-Ordination blitzschnell viel Erde, bis das Loch im Pflaster ausschaute wie jedes andere Pflasterloch.
Zu der Zeit, als Hugo das Lieserl kennenlernte, war Lieserl den Pflasterlöchern schon derart verfallen, daß sie nicht mehr auf lockere Steine wartete, sondern am Abend, wenn es dunkel wurde, mit Spitzhacke und Brecheisen loszog, um Pflastersteine hochzustemmen. Bald schaute das Pflaster von Fritzenfron abscheulich aus. Die Stadtverwaltung verklagte den Straßen-Designer, und das Gericht verurteilte ihn, die Schäden im Pflaster auf eigene Kosten auszubessern; das Gericht ahnte ja nichts von Lieserl und ihrer Leidenschaft. Der Straßen-Designer war nun tagtäglich mit einem Kübel Beton unterwegs und setzte die abgedeckten Steine wieder ein. Natürlich hatte seine Arbeit kein Ende, weil Lieserl ja jeden Abend wieder am Werk war.
Hugo beschwor Lieserl, vom »Abdecken« zu lassen.

»Ich habe ein ungutes Gefühl«, sagte er, »das wird ein schlechtes Ende nehmen!«
Lieserl nahm sich Hugos Prophezeiung zwar zur Seele, von ihrem unseligen Tun konnte sie trotzdem nicht lassen.
Nun war aber auch der Straßen-Designer kein Blöder! Er merkte, daß da wer zerstörerisch am Werke war, und legte sich auf die Lauer. Eines Dämmerabends packte er Lieserl am Jackenkragen und rief: »Warum tust du das, du Untam?«
Lieserl ließ vor Schreck die Spitzhacke fallen. »Unter manchen sind kleine Stübchen«, stammelte sie.
»Das muß geheim bleiben, du Untam!« sagte der Designer und beutelte das Lieserl am Kragen.
»Ich habe es bloß Hugo erzählt«, sagte das Lieserl. »Und Hugo schweigt wie eine Elterngruft!«
»Wenn du nicht aufhörst, die Stübchen freizulegen«, rief der Designer drohend, »schlag ich dich windelweich!«
Lieserl sagte dem Designer, daß sie von dieser Drohung zwar sehr verschreckt sei, daß sie aber trotzdem nicht vom »Abdecken« lassen könne. »Es ist meine Leidenschaft«, sagte sie und schaute dem Designer offen in die Augen. »Falls Sie eine Ahnung haben, wie Leidenschaften wirken, werden Sie mich verstehen!«
Da ließ der Designer Lieserls Jackenkragen los. »Du scheinst kein wirklicher Untam zu sein«, sagte er. Er lud Lieserl auf einen Kaffee ins Café Big-Apple ein,

und dort deckte er Lieserl alles auf: Unter der Stadt war noch eine Stadt. Aber keine andere Stadt, sondern Fritzenfron-Gegenstadt. »An die fünfzigtausend«, sagte der Designer, »sind in den Untergrund gegangen. Durch ganz natürliche Vermehrung sind sie schon auf Hunderttausend angewachsen und werden immer mehr und mehr!«

»Aber es ist doch alles so klein«, sagte Lieserl.

»Gar nichts ist klein.« Der Designer lachte. »Das ist nur die Lichtbrechung. Das habe ich erfunden! Das sind lauter winzige Spiegel in den Seitenkanten der Ohrwaschel-Steine. Du hast nichts wirklich gesehen. Du hast nur die hundertste Spiegelung gesehen. Von Spiegel zu Spiegel wird alles immer kleiner.«

»Und warum wurde die Gegenstadt gegründet?« fragte Lieserl.

»Als Experiment«, sagte der Designer. »Man muß einen neuen Anfang setzen. Hier oben ist alles verrottet. Hier oben läuft alles schief. Wir haben nicht die Macht, die Zustände oben zu ändern, sie sind zu verfilzt. Unten machen wir von allem, was oben gemacht wird, das Gegenteil. Haarscharf das Gegenteil! Und wir haben schöne Erfolge! Wenn du uns nicht weiter störst!«

Bevor sich das Lieserl vom Designer verabschiedete, versprach sie ihm, das Abdecken seinzulassen. Und sie ließ es wirklich sein, aber sie konnte an nichts anderes mehr denken als an die Gegenstadt.

Dem Hugo, sooft er zu Besuch kam, erzählte sie von

nichts anderem, und schlaflos wurde sie und mager. Schließlich bekam sie auch ein Beinleiden. Ein ungeheures Gefühl der Schwere war in ihren Füßen. »Es zieht mich nach unten«, sagte Lieserl zum Hugo. »Ich kann kaum mehr einen Fuß heben!«

Über ein Vierteljahr schaute Hugo dem Lieserl beim Leiden zu. Dann ging er ins Büro des Straßen-Designers. Der saß über Pflasterplänen für die Nachbarstadt. Hugo berichtete ihm von Lieserls Leiden. »Ich glaube, sie muß hinunter«, sagte Hugo.
»Wenn sie einmal unten ist, kommt sie nicht wieder«, sagte der Straßen-Designer. »Ich bin der einzige, der unten und oben sein kann. Einen Verbindungsmann brauchen wir!«
Hugo brach es fast das Herz, aber er dachte: Wirkliche Liebe ist selbstlos! Ich muß das Lieserl hergeben, bevor sie noch kränker wird!
Noch am gleichen Abend, knapp vor Mitternacht, führte Hugo Lieserl zur großen Litfaßsäule hinter dem Fritzenfroner Dom. Obwohl der Weg von Lieserls Haus bis zur Litfaßsäule bloß ein Katzensprung war, brauchten sie lange, da das Lieserl die Füße kaum noch heben konnte.
Mit einem kleinen Schlüssel, den ihm der Designer gegeben hatte, sperrte Hugo eine Tür in der Litfaßsäule auf. Hinter der Tür war eine Wendeltreppe, die in die Tiefe führte.

Lieserl betrat die erste Stufe und rief: »Hugo, lieber Hugo, meine Füße sind wieder ganz leicht!« Dann lief das Lieserl die Wendeltreppe hinunter. Hugo hörte sie rufen: »Ich komme bald wieder, lieber Hugo!«
Hugo wartete noch ein bißchen, lauschte hinter den immer leiser und leiser werdenden Schritten her, so lange, bis sie gar nicht mehr zu hören waren, dann verschloß er die Tür in der Litfaßsäule. Seine Wangen waren tränennaß, seine Unterlippe bebte vor verhaltenem Schluchzen. Es war ihm klar, daß er seine dritte große Liebe auf immer verloren hatte.

Was wäre wenn …

Was wäre, wenn man mich bei meiner Geburt vertauscht hätte? Dann wären meine Eltern gar nicht meine Eltern, und ich wäre der Oliver Bierbaum; denn nur mit dem könnte ich vertauscht worden sein, weil die Frau Bierbaum im Kreißsaal neben meiner Mutter gelegen hat und an diesem Tag außer dem Oliver und mir kein Kind im Krankenhaus zur Welt gekommen ist. Und wenn ich der Oliver Bierbaum wäre, dann würde ich mich einmal die Woche mit mir treffen, weil meine Mutter und die Frau Bierbaum, seit sie zusammen im Krankenhaus waren, befreundet sind. Jeden Freitag muß ich mit meiner Mutter die Bierbaums besuchen, obwohl ich nicht mag, denn der Oliver ist ein blödes Kind. Aber meine Mutter sagt, er kann nichts dafür, sein Vater ist schuld, der erzieht ihn so komisch! Und wenn ich nun vertauscht worden wäre, dann hätte mich der Herr Bierbaum so blöd erzogen, und ich wäre so komisch! Und meine Mutter brauchte mich gar nicht so zu schimpfen, wenn ich dem Oliver eine runterhaue … Könnte ja leicht sein, daß ich mir jeden Freitag selbst Ohrfeigen gebe!

Pinocchio im Spielzeugland

Pfeifend und springend lief Pinocchio ins Dorf. Von Haus zu Haus hüpfte er und lud alle seine Freunde ein. Der letzte Bub, bei dem Pinocchio vorbeischaute, war sein Freund Docht. Docht nannten ihn die Buben deshalb, weil er so klein und so dünn und so blaß wie ein Kerzendocht war.

Der Docht war nicht daheim. »Keine Ahnung, wo sich der Kerl wieder einmal herumtreibt«, sagte die Mutter vom Docht zu Pinocchio. Da Pinocchio den Docht sehr gern mochte und ihn auf seinem Fest nicht missen wollte, machte er sich auf die Suche nach ihm. Er fand ihn vor dem Dorf. Auf einer Wiese auf einem Heuhaufen saß er.

»Aber gern komm ich zu deinem Fest«, sagte der Docht und schaute angestrengt, ganz so, als ob er jemand erwartete, den Wiesenweg hinunter. »Ich bin nämlich am Verreisen«, sagte er zu Pinocchio. »Ich fahre ins Schlaraffenland, Abteilung Spielzeugland.«

»So was gibt es?« staunte Pinocchio.

Der Docht nickte. »Ein herrliches Land ist das«, sagte er. »Dort ist jeden Donnerstag schulfrei. Und weil dort siebenmal in der Woche Donnerstag ist, ist jeden Tag schulfrei. Jeden Tag hat man nur zum Spielen. Und alles, was man ißt, ist aus Zucker. Sogar das Schwarzbrot. Willst du nicht mit mir dorthin fahren?«

Für alles, was aus Zucker war, interessierte sich Pinocchio sehr. »Schön wäre das schon«, sagte er zu Docht, »aber ich habe ja morgen ein Fest, wie kann ich da verreisen?«

»Gleich muß der Wagen, der mich abholt, kommen«, sagte der Docht. »Hoffentlich krieg ich noch einen Sitzplatz. Es sind meistens über hundert Buben, die sich auf die Reise ins Spielzeugland begeben.«

Pinocchio dachte: Wenn der Wagen gleich kommt, dann warte ich auf ihn. Ich will doch sehen, ob mich der Docht nicht anschwindelt!

Pinocchio setzte sich zu seinem Freund ins Heu. »Wenn du ins Spielzeugland reist«, sagte er, »dann kannst du aber nicht zu meinem Fest kommen.«

»Ich komme«, sagte der Docht. »Bis morgen früh bin ich wieder zurück.«

Pinocchio lachte. »Das ergibt doch keinen Sinn«, rief er. »Bis morgen früh haben wir sowieso keine Schule. Was hast du dann davon, daß im Spielzeugland sieben Tage die Woche schulfrei ist? Und bis morgen früh ist die Zeit doch so schnell um, daß du auch nicht viel spielen kannst!«

»Nicht im Spielzeugland«, sagte der Docht. »Dort ist nämlich ein Tag so lang wie hier eine Minute. Wenn bei uns eine Stunde vergeht, vergehen dort zwei Monate. Also kann ich, die Reisezeit abgerechnet, bis morgen in der Früh gut fünf Monate lang bleiben.«

»Ist nicht wahr!« rief Pinocchio.

»Fahr mit, dann wirst du merken, daß es stimmt«, sagte der Docht. »Ich weiß das von einem gelben Vogel. Der hat es mir anvertraut. Und gelbe Vögel lügen nie.«

Pinocchio wollte sich die Sache überlegen, doch da kam die Wiese herauf ein Wagen gefahren. Den Wagen zogen vierundzwanzig Esel. Sechs weiße, sechs graue, sechs getupfte und sechs gestreifte. Die Esel hatten rote Lederstiefel über den Hufen. Auf dem Kutschbock saß ein kugelrundes Männchen mit roten Apfelbacken. Und der Wagen selbst war vollgestopft mit lauter lustigen, kichernden Buben. Gut hundert Buben standen auf dem Wagen.

Der Wagen hielt beim Heuhaufen. »He«, rief das kugelrunde Männchen und lachte über das ganze Gesicht. »Ihr wollt wohl mitfahren?«

»Das will ich«, rief der Docht und versuchte, auf den Wagen zu klettern, aber er fand keinen Platz mehr.

»So rückt doch zusammen«, rief er den Buben zu.

»Täten wir ja gern«, riefen die Buben und kicherten. »Aber bei uns findet keine Laus mehr Platz.«

»Dann komm zu mir auf den Bock«, rief lachend das kugelrunde Männchen. »Wär ja zu schad, wenn dir das Spielzeugland entgehen würde.«

Flugs kletterte der Docht auf den Kutschbock.
»Und du«, sagte das Männchen zu Pinocchio, »setzt dich auf einen Esel.«
Pinocchio versuchte zu überlegen. Er dachte: Wenn hundert Buben glauben, was mein Freund Docht glaubt, kann das nicht ganz falsch sein. Und wenn sie recht haben, bin ich morgen früh ohnehin wieder zurück und kann mein Fest feiern und habe fünf lustige Monate erlebt. Aber wenn sie nicht recht haben ...
Weiter kam Pinocchio mit dem Überlegen nicht, denn das kugelrunde Männchen knallte mit der Peitsche und rief: »Steig schon auf, Kleiner!«
Und der Docht und die Buben auf dem Wagen riefen: »So sitz schon auf! Wir versäumen wegen dir ja noch eine ganze Woche ohne Schule und sieben Spieltage!«
Ach was, dachte Pinocchio, wenn ich nicht mitfahre, werde ich nie dahinterkommen, ob sie recht haben! Er ging zu einem grauen Eselchen und wollte sich auf den Rücken des Eselchens schwingen. Das Eselchen drehte blitzschnell den Kopf und stieß Pinocchio mit der Schnauze so fest in den Bauch, daß Pinocchio hinfiel.
»So geht's nicht«, rief Pinocchio, rappelte sich hoch und sprang dem Eselchen mit einem gewaltigen Satz mitten auf den Rücken. Das Eselchen hob blitzschnell seine Hinterbeine, bäumte sich wild auf, und Pinocchio flog in hohem Bogen auf die Wiese.
»So geht's auch nicht«, sagte Pinocchio verzagt und blieb im Gras sitzen.

»Das werden wir gleich haben«, rief das kugelrunde Männchen. Es kletterte vom Kutschbock, ging zum grauen Eselchen hin und flüsterte dem Eselchen etwas ins Ohr. Pinocchio war zu weit entfernt, um zu hören, was der Kutscher dem Eselchen ins Ohr flüsterte. Aber er sah, daß das Männchen beim Flüstern überhaupt nicht mehr freundlich dreinschaute. Bitterböse und drohend schaute es. Das wunderte Pinocchio ein bißchen. Doch als ihn das Männchen dann packte und auf das graue Eselchen hob, lachte es wieder und war freundlich wie zuvor. Da dachte Pinocchio: Hab ich mich eben geirrt! Und als sich dann das Gespann in Bewegung setzte, kam Pinocchio überhaupt nicht mehr zum Denken. Er hatte genug damit zu tun, sich am Eselchen festzuhalten.

Über Wiesen und Felder trug das graue Eselchen den Pinocchio. Über Berge und durch Täler, über Brücken und durch Dörfer. Abend wurde es, und die Eselchen trabten noch immer dahin. Nacht wurde es. Die Buben auf dem Wagen schliefen ein. Docht auf dem Kutschbock schlief ein. Sogar das kugelrunde Männchen fing zu schnarchen an. Aber die Esel liefen weiter. Pinocchio hätte auch gern geschlafen, doch die Angst, im Schlaf vom Esel zu fallen, hielt ihn wach. Müde legte Pinocchio seine Kopf an den Kopf des Esels und schlang seine Arme fest um den Hals des Esels. Da wieherte der Esel leise: »Hättest du lieber auf mich gehört!«

»Du hast mir doch gar nichts gesagt«, rief Pinocchio.
»Pssst«, wieherte der Esel noch leiser. »Nicht so laut, sonst weckst du das kugelrunde Männchen auf!«
»Aber du hast wirklich kein Sterbenswort zu mir gesagt«, flüsterte Pinocchio.
»Aber ich hab dich zweimal abgeworfen«, wieherte der Esel leise, »und das hat geheißen: Bleib daheim!«
»Warum hätte ich daheimbleiben solen?« flüsterte Pinocchio.
»Weil man sich so eine lange Reise zuerst sorgfältig überlegen sollte«, wieherte der Esel.
»Bis morgen in der Früh ist doch nicht lange«, flüsterte Pinocchio.
»Ach«, wieherte der Esel, »das ist es ja! Im Spielzeugland vergeht die Zeit anders, da ...«
»Ich weiß, ich weiß«, unterbrach ihn Pinocchio, »mein Freund hat es mir erklärt. Was bei uns eine Minute ist, ist dort ein Tag!«
»Da hat dein Freund alles verwechselt«, wieherte der Esel. »Umgekehrt ist es, umgekehrt. Was im Spielzeugland eine Minute ist, ist auf der übrigen Welt ein ganzer Tag. Ich schwör's dir! Beim Spielen vergeht die Zeit eben sehr schnell, das weißt du doch!«
»Warum hast du mir das nicht gleich gesagt?« rief Pinocchio.
»Ich hab ja nicht gewußt, daß du's nicht weißt«, wieherte der Esel. »Und außerdem hat's mir das kugelrunde Männchen verboten. Er ist drauf versessen, alle

Kinder ins Spielzeugland zu fahren. Er will nicht, daß die Kinder in die Schule gehen und lernen. Er mag die Lehrer nicht. Er haßt alles, was mit Schule zu tun hat. Er hat seinerzeit mit seinem Lehrer üble Erfahrungen gemacht.«

»Aber wenn dort die Zeit so schnell vergeht«, rief Pinocchio, »dann versäume ich ja mein schönes Fest! Halt! Umkehren!« brüllte er. »Ich will nach Hause, nach Hause will ich! Ich bin nur irrtümlich mitgeritten!«

Von Pinocchios Geschrei wurde das kugelrunde Männchen munter. Es knallte mit der Peitsche und schrie »hü« und schrie »hott« und trieb die vierundzwanzig Esel an und tat, als verstünde es überhaupt nicht, was Pinocchio wollte.

Die Sonne war gerade am Aufgehen, da kam das Eselgespann zur Grenze vom Spielzeugland.

»Wenn du jetzt nicht sofort abspringst«, wieherte der Esel, »dann ist es zu spät!«

Pinocchio wollte dem Rat des Esels folgen, aber er zögerte, weil das Gespann in voller Fahrt war und er Angst um seine heilen Knochen hatte. Und als das Gespann dann langsamer wurde, da waren sie schon im Spielzeugland, und Pinocchio vergaß vor lauter Staunen, daß er eigentlich heim zu seiner türkisblauen Fee wollte.

Im Spielzeugland gab es nur Kinder. Lachende, schreiende, singende, quietschende, purzelbaumschlagende

Kinder. Sie spielten mit Bällen, fuhren Rad, ritten auf Holzpferden, spielten Fangen und Blinde Kuh, waren verkleidet wie im Karneval und winkten Pinocchio und den Buben auf dem Wagen zu.
Das Gespann hielt auf einem großen Platz, auf dem ein Riesenzelt war.
Ein Mädchen mit einer Trommel stand vor dem Zelt, trommelte und brüllte: »Achtung, Achtung! Heute von sieben bis acht Uhr Zuckerwatteschlecken. Von acht bis neun Kasperltheater, von neun bis zehn große Tombola, von zehn bis elf Honigwettessen, von elf bis zwölf Dominoturnier. Das weitere Unterhaltungsprogramm des Tages wird zu Mittag verlautbart!«
Von der Turmuhr am großen Platz schlug es gerade siebenmal. Pinocchio ließ sich vom Esel gleiten. Was soll's, dachte er. Ändern kann ich die Sache ohnehin nicht mehr, also wollen wir das Beste daraus machen!
Pinocchio ging ins Riesenzelt hinein zum großen Zuckerwatteschlecken. Und da er Zucker über alles liebte, mampfte er eine ganze Stunde lang gesponnene rosa Zuckerwolken und vergaß dabei, daß daheim bei ihm inzwischen schon zwei ganze Monate vergangen waren.
Nach dem Zuckerwatteschlecken spazierte Pinocchio durch die Gassen der Stadt, blieb bald hier und bald da stehen, spielte mit zwei Buben Sackhüpfen und mit einem Mädchen Federball, ließ sich von einem Buben einen Papierhelm schenken und tanzte mit einem

Mädchen drei Runden Polka. Dann machte er sich auf die Suche nach seinem Freund Docht, den er aus den Augen verloren hatte. Er fand ihn am Platz im großen

Zelt beim Dominoturnier. »He, Docht«, rief Pinocchio und winkte dem Freund zu.

Der Docht schaute von den Dominosteinen hoch, sah Pinocchio und fing zu lachen an. »Was hast du denn für spaßige Ohren aufgesetzt?« rief er. »Wo kriegt man die?«

»Welche Ohren sollte ich denn haben?« fragte Pinocchio und griff sich an den Kopf. Was er da spürte, erschreckte ihn gewaltig. Statt seiner schönen, kleinen Holzohren baumelten da lappige, fellige Dinger. Wie Eselsohren fühlten sie sich an. Pinocchio zerrte an den Dingern, er wollte sie vom Kopf reißen, aber sie saßen fest, so fest, als wären sie angelötet. Wütend stampfte Pinocchio mit den Füßen auf und fluchte und heulte und brüllte.

Die Buben und die Mädchen, die um ihn herum standen, lachten und kicherten. »So ein Spaß«, riefen sie, »so ein Heidenspaß! Deine Ohren sind ja wirklich das allerlustigste in dieser lustigen Stadt!«

Schluchzend lief Pinocchio aus dem Zelt. Quer durch die Stadt lief er. An lauter Kindern vorbei, die schallend zu lachen anfingen, wenn sie ihn daherkommen sahen. In einen kleinen Park machte Pinocchio halt. Dort war er nämlich ganz allein. Bloß ein Murmeltier hockte unter einem Strauch. Und das Murmeltier lachte nicht über ihn. Pinocchio sagte zum Murmeltier: »Kannst du mir sagen, wie meine Ohren aussehen?«

Das Murmeltier schaute Pinocchio aufmerksam an,

dann sagte es: »Ich bin mir nicht sicher, aber ich würde sagen, daß deine Ohren wie Eselsohren ausschauen.« Das Murmeltier zeigte zu einem kleinen Seerosenteich, mitten im Park. »Im Wasser kann man sich spiegeln«, sagte er, »schau dir selber an, wie deine Ohren aussehen.«

Pinocchio lief zum Teich, beugte sich über das Wasser und sah, im Wasser gespiegelt, seinen Kopf. Ihm waren tatsächlich Eselsohren gewachsen! Und seine Nase war auch nicht mehr wie sonst. Dicker und immer dicker wurde sie. Und grauer und immer grauer. Entsetzt mußte Pinocchio zusehen, wie aus seiner Nase eine Eselsschnauze wurde, wie sein ganzer Kopf zu einem Eselskopf wurde! Und dann brauchte er seine schreckliche Verwandlung gar nicht mehr im Wasser beobachten. Nun sah er auch ohne Spiegel, daß ihm auf den Armen und den Beinen Haare wuchsen und zu einem dichten, grauen Fell wurden. Statt der Füße und der Hände bekam er Hufe. Aufrecht konnte er auch nicht mehr stehen. Dann kitzelte es ihn am Hintern, und ein Schwanz wuchs ihm. Keine zehn Minuten waren vergangen, da war aus Pinocchio ein kleines, graues Eselchen geworden. Und jeder Schluchzer, den Pinocchio tat, hörte sich wie Eselsgeschrei an.

Pinocchio wälzte sich auf dem Boden und wollte das Eselsfell abstreifen.

Doch das Fell saß so fest auf ihm wie eine von Geburt an gewachsene Haut.

»Ja, wie wird mir denn da?« rief das Murmeltier. »Was hast denn du für sonderliche Gewohnheiten?«
»Ich doch nicht«, rief Pinocchio. »Meinst du denn, ich mache mich freiwillig zu einem Esel? Irgendwer in diesem verfluchten Spielzeugland hat mich verzaubert. Wohl, daß die Kinder noch mehr Spaß haben!«
»Also bitte«, rief das Murmeltier. »Ich lebe schon sehr, sehr lange hierzulande. Aber so etwas ist mir noch nie untergekommen! Wir haben hier gern unseren Spaß! Aber den treiben wir doch nicht auf Kosten von armen

Hampelmännern! Und zaubern kann hier überhaupt niemand, das kann ich dir schwören!« Dann lief das Murmeltier davon.
Pinocchio legte sich erschöpft unter einen Strauch und dachte nach. Er dachte: Das Murmeltier hat gewiß keinen Grund, mich zu belügen. Aber wenn mich niemand aus dem Spielzeugland verzaubert hat, wer hat mich dann verzaubert? Wer könnte so etwas denn bloß tun?
Da fiel Pinocchio ein, daß es seine geliebte, türkisblaue Fee gewesen war, die ihm aus Spaß eine lange Nase gezaubert hatte. Und er dachte: Wer lange Nasen zaubern kann, der kann auch Eselsohren zaubern! Na klar! Meine geliebte Fee war es! Aber diesmal hat sie es nicht aus Spaß getan. Bei ihr daheim müssen ja jetzt schon mehr als fünf Monate vergangen sein. Sie hat Sehnsucht nach mir. Sie glaubt, daß ich sie vergessen habe. Sie hat mir Eselsohren und eine Eselsschnauze

gezaubert, damit ich mich wieder an sie erinnere. Und sie hat mir Eselsbeine gezaubert, damit ich heimlaufen kann zu ihr. Eselsbeine laufen nämlich schneller als Hampelmannbeine!

Pinocchio sprang auf. Er rief: »Mein türkisblauer Liebling, ich komme, ich komme, so schnell Eselsbeine nur traben können!« Und er flitzte der Landesgrenze zu, schneller als je ein kleiner Esel gelaufen war. Keine rote Zuckerwatte, kein Theaterzelt, kein Gummiball, kein Bub und kein Mädchen konnten ihn aufhalten. Nichts wie heim zu seiner lieben Fee wollte er.

Gugurells Hund

Herr und Frau Gugurell hatten ein Haus, einen Garten, ein Auto, eine Waschmaschine, einen Farbfernseher, eine Tiefkühltruhe und ein Ölgemälde. Außerdem hatte Frau Gugurell noch ein Diamanthalsband, und Herr Gugurell hatte ein Motorboot.
Sie hatten sozusagen – alles.
Doch der Frau Gugurell fehlte etwas. Oft saß sie auf der Terrasse und dachte nach, was ihr fehle. Und eines Abends wußte sie es. Sie rief: »Ich weiß, was mir fehlt! Mir fehlt eine Familie!«
»Wie bitte?« fragte Herr Gugurell.
»Zu einer Familie gehören mehr als zwei«, rief Frau Gugurell, und dann rief sie noch, daß sie unbedingt eine Familie werden wolle.
»Na gut, na gut«, sagte Herr Gugurell, »dann bitten wir halt den Onkel Edi und die Tante Berta, daß sie zu uns ziehen. Dann sind wir zu viert und eine Familie.«
»Nein«, schrie Frau Gugurell, »dann sind wir ein Altersheim!«
»Krieg halt ein Kind!« schlug Herr Gugurell vor.
Frau Gugurell wollte kein Kind. Sie wollte geschwind eine Familie werden, und bis man ein Kind hat, dauert es mindestens neun Monate. Außerdem bekommt man da einen dicken Bauch. Den mochte sie nicht haben.
Da wußte Herr Gugurell keinen Rat mehr. Doch

plötzlich bellte irgendwo ein Hund. Frau Gugurell sprang auf und stieß vor Aufregung den Tisch um, und die Pfirsichbowle tropfte auf Herrn Gugurells Hose. Frau Gugurell rief: »Das ist es! Mit einem Hund sind wir zu dritt, und zu dritt sind wir eine Familie!«

Am nächsten Tag gingen sie in eine Tierhandlung. Eigentlich war es eine Vogelhandlung, aber hinten im Laden war auch ein junger Hund. Der Tierhändler sagte: »Das ist ein Gelegenheitskauf!«
Herr Gugurell kaufte den Gelegenheitskauf für seine Frau.

Frau Gugurell taufte den Gelegenheitskauf »Guggi«. Sie besorgte ein Körbchen mit hellblauen Rüschen rundherum und mit Rädern unten dran und legte Guggi hinein.
Sie fuhr Guggi spazieren, sie sang ihm Lieder vor, sie fütterte ihn mit der Flasche, sie badete ihn jeden

Abend, und nachher wog sie ihn und war sehr stolz, weil Guggi jeden Tag zwei Kilo mehr wog. An manchen Tagen wog Guggi drei Kilo mehr. Bald war Guggi ziemlich groß. Und bald war Guggi schon viel größer als Herr und Frau Gugurell. Wenn Guggi in einer Tür lag – was er gerne tat – und Herr Gugurell durch die Tür wollte, mußte er über Guggi klettern, und Guggi hatte das nicht gerne. Aber richtig fest ge-

bissen hatte Guggi Herrn Gugurell nur ein einziges Mal – das war, als ihn Herr Gugurell aus dem Ehebett vertreiben wollte.
Und mit dem Essen gab es auch Schwierigkeiten. Guggi fraß viel. Frau Gugurell mußte viel für Guggi kochen. Kalbssuppe mit Butterkeksen drin, Apfelmus mit Knochensplittern und Lebertranpudding. Das Kochen für Guggi machte so viel Arbeit, daß Frau Gugurell nicht mehr extra für Herrn Gugurell kochen wollte. Sie meinte, er sollte von Guggis Fressen mitessen.
Aus diesen und noch etlichen anderen Gründen wollte Herr Gugurell Guggi loswerden. Eines Abends ließ er fünfzig Schlaftabletten in Guggis Apfelmus fallen. Als Guggi die Schüssel leergeschlabbert hatte, schlief er ein. Im Wohnzimmer auf dem Teppich.
Herr Gugurell wartete, bis seine Frau im Ehebett war und schnarchte. Dann versuchte er, Guggi aus dem Haus zu tragen. Doch Guggi war viel zu schwer. Herr Gugurell holte sein Auto und fuhr es zur Terrassentür. Er holte ein Seil aus dem Kofferraum und band es an der hinteren Stoßstange fest. Das andere Seilende wickelte er mühsam um Guggi und den Teppich herum. Dann fuhr Herr Gugurell los.
Er fuhr bis zum See. Bis zu seinem Motorboot. Er löste das Seil von der Stoßstange und band es ans Boot. Dann setzte er sich ins Boot und fuhr los.
Es war eine rabenschwarze Nacht. Ohne Mond und ohne einen einzigen Stern. Als Herr Gugurell ziemlich

weit vom Ufer weg war, nahm er sein Taschenmesser und schnitt das Seil durch.
Dann fuhr er zum Ufer zurück, stieg ins Auto um, brauste nach Hause und legte sich in sein Bett und schlief ein.
Aber: Hunde sind treu, und Hunde können schwimmen, und fünfzig Schlaftabletten sind für einen Kerl wie Guggi nicht viel. Es dämmerte gerade, da kam Guggi zurück. Er beutelte das Wasser aus dem Fell und hüpfte ins Ehebett zwischen Herrn und Frau Gugurell.
Obwohl Herr Gugurell alles leugnete, bemerkte Frau Gugurell doch, was geschehen war. Weil der Wohnzimmerteppich fehlte und weil sie die Schleifspuren durch die Tulpenbeete sah.

Sie gab Herrn Gugurell eine Ohrfeige, und am nächsten Tag ging sie zum Gericht und reichte die Scheidung ein. Wegen zu wenig Familiensinn.
Bei der Scheidung wurde alles genau aufgeteilt. Das

Haus und das Auto und die Waschmaschine und das Motorboot. Als alles gerecht auf Herrn und Frau Gugurell aufgeteilt war, sprach der Richter: »Ehem, ehem, jetzt bleibt nur noch der Hund!«
»Der gehört mir!« rief Frau Gugurell.
»Wo ist die Rechnung für den Hund?« fragte der Richter. Da zog Herr Gugurell die Hundsrechnung aus der Tasche, und der Richter verkündete: »Der Hund wird Herrn Gugurell zugesprochen!«
Frau Gugurell bekam einen Schreikrampf, der auch nicht aufhörte, als man ihr drei Krüge Wasser über den Kopf schüttete. Sie wurde von der Rettung in die Nervenheilanstalt gebracht.
Herr Gugurell ging nach der Scheidung ins Wirtshaus und trank acht Bier und acht Korn und ließ sich dann vom Wirt auf ein Zimmer tragen. Er erwachte am nächsten Tag zu Mittag und trank zwei Bier und zwei Korn und spielte mit den Wirtshausgästen Tarock und trank wieder acht Bier und acht Korn. Und dann war es Abend. Doch weil Herr Gugurell kein Geld mehr in der Tasche hatte, trug ihn der Wirt in kein Zimmer, sondern warf ihn hinaus.
Draußen regnete es, und Herr Gugurell hatte keinen Schirm mit. So ging er nach Hause. Er war sehr betrunken. Darum sah er im Wohnzimmer statt einem Guggi drei Guggis, und alle drei Guggis weinten. Herr Gugurell bekam, wenn er betrunken war, leicht Mitleid. Er wankte im Zimmer herum, bis er den wirkli-

chen Guggi unter den drei Guggis gefunden hatte. Er plumpste auf Guggi und weinte auch.
Guggi und Herr Gugurell weinten sich in den Schlaf.

Sie wurden munter, als das Telefon klingelte. Der Chef von Herrn Gugurell war dran und schrie, daß Herr Gugurell fristlos entlassen sei, wenn er nicht sofort ins Büro käme. Da rannte Herr Gugurell los. Er arbeitete den ganzen Tag und drei Überstunden mußte er auch machen.
Als er aus dem Büro kam, hatten alle Läden geschlossen. Herr Gugurell fuhr zu einer Wurstbude und kaufte dem Wurstmann alle Debreziner und alle Burenwürste ab. Und fuhr dann mit 120 Sachen nach Hause. Guggi saß hinter der Haustür und weinte. Als er die Würste sah, hörte er zu weinen auf. Er fraß alle Würste. Doch in den Würsten war zu viel Paprika und noch mehr Pfeffer. Das war Guggi nicht gewohnt. Er bekam einen Riesendurst und japste nach Luft. Herr Gugurell holte einen Kasten Bier aus dem Keller. Guggi trank zwanzig Flaschen Bier. Dann schlief er ein und seufzte im Schlaf.

Herr Gugurell hockte sich zu Guggi. Er schlief nicht, aber er seufzte auch und dachte: Meine arme Frau hatte recht! Ich hatte wirklich nicht den richtigen Familiensinn!

Von diesem Abend an gab sich Herr Gugurell Mühe, Guggi zu lieben. Das war sehr schwierig. Guggi brauchte Zärtlichkeit und Apfelmus mit Knochensplittern und Fürsorge und Lebertran. Und jemanden zum Spielen brauchte er auch.
Herr Gugurell spielte und kochte am Morgen. Dann raste er ins Büro. In der Mittagspause raste er zurück und gab Guggi Zärtlichkeit und Lebertran.
Am Abend nach Büroschluß kaufte Herr Gugurell ein und lief wieder nach Hause und kochte wieder und spielte wieder und sorgte für Guggi.
Trotzdem wurde Guggi von Tag zu Tag dünner und zotteliger und hatte Durchfall und Magenweh, weil Herr Gugurell das Mus samt den Kerngehäusen kochte und die Knochensplitter nicht klein genug rieb. Herr Gugurell wurde auch immer dünner und bekam Durchfall und Magenweh, weil er die ständige Hasterei nicht vertrug.
Und traurig war Guggi auch. Er wollte nämlich nicht allein bleiben. Wenn Herr Gugurell am Morgen und am Mittag ins Büro ging, winselte und schluchzte Guggi hinter ihm her, daß es Herrn Gugurell ins Herz schnitt. Einmal nahm Herr Gugurell Guggi ins Büro mit, aber das war nichts, weil sich der Chef und die Sekretärin sehr vor Guggi fürchteten. Die Sekretärin sperrte sich aus Angst ins Klo, und der Chef drohte wieder einmal mit der Kündigung.
Einmal versuchte es Herr Gugurell mit dem Babysit-

terdienst. Er bestellte einen Babysitter. Es kam ein junges Fräulein, das sagte: »Wo ist denn unser Kleiner?« Als das Fräulein Guggi sah, war es empört und erklärte, es sei kein Ungeheuersitter, sondern ein Babysitter und verließ das Haus.
Da beschloß Herr Gugurell schweren Herzens, Guggi zu verkaufen. Er gab ein Inserat in die Zeitung: »Prachthund, 2 m 20 cm lang, an selbstlose, zärtliche Person abzugeben.«
Es kamen etliche selbstlose, zärtliche Personen, und einige davon wollten Guggi kaufen. Doch Guggi ließ das nicht zu. Er knurrte und fletschte die Zähne, wenn ihm die selbstlosen Personen in die Nähe kamen. Herr Gugurell konnte ihn nur mühsam beruhigen. »Sieh mal«, sagte Herr Gugurell, »sieh mal, Guggi, ich liebe dich ja, aber …«
Und dann erklärte er Guggi haargenau, wieviel Arbeit und Plage er habe, seit die Frau Gugurell geschieden und in der Nervenheilanstalt war. Und daß das so nicht weitergehen könne und daß Guggi das begreifen müsse, sagte er. Guggi blickte aus traurigen Hundeaugen auf Herrn Gugurell und leckte mit trauriger Hundezunge Herrn Gugurells Hand. Dann seufzte Guggi und erhob sich und trottete in die Küche.
Guggi holte die Bratwürste von Herrn Gugurell aus dem Eisschrank und die Pfanne aus dem Küchenschrank und die Margarine aus der Butterdose und briet Herrn Gugurell die Würste.

Ein paar Minuten später kam Guggi mit dem Bratwurstteller im Maul ins Wohnzimmer zurück, und sein treuer Hundeblick sagte: »Wenn ich dir den Haushalt führe und alles sauberhalte, darf ich dann bei dir bleiben?«

»Aber natürlich, aber natürlich, lieber Guggi«, sagte Herr Gugurell und war ganz ergriffen vor Rührung und gab Guggi die Hälfte der Bratwürste ab.
Von nun an ging alles glatt. Am Morgen holte Guggi die Zeitung und die Milch und die Semmeln. Allerdings bekam Herr Gugurell nur Pulverkaffee, weil Guggi mit der Espressomaschine nicht zurechtkam. Nach dem Frühstück schrieb Herr Gugurell eine Einkaufsliste und gab Guggi das Wirtschaftsgeld für den Tag. Wenn Herr Gugurell ins Büro fuhr, stand Guggi mit dem Besen an der Haustür und winkte, und Herr Gugurell winkte zurück.

Guggi war ein sparsamer und wirtschaftlicher Hund. Er lief den ganzen Vormittag in der Gegend herum, bis er die billigsten Gurken und das beste Fleisch fand. Guggi ließ sich nie von den Kaufleuten betrügen. Einmal tief knurren genügte, daß die Milchfrau die ranzige Butter gegen frische umtauschte. Bald war Guggi so gut in den Haushalt eingearbeitet, daß ihm am Nachmittag noch Zeit blieb, für Herrn Gugurell Socken zu stricken.
Am Abend saßen Guggi und Herr Gugurell immer auf der Terrasse und tranken Pfirsichbowle und schauten in den Himmel voller Sterne oder in den Himmel ohne Sterne. Herr Gugurell war glücklich. Nur eines beunruhigte ihn: Guggis Hundeblick. Guggis Hundeblick schien zu sagen: Mir fehlt etwas! Mir fehlt etwas! Und eines Abends, als sie zusammensaßen – Guggi manikürte sich die Nägel, und Herr Gugurell las die Abendzeitung –, da brüllte irgendwo eine Kinderstimme. Guggi sprang auf, und vor Aufregung stieß er den Tisch um, und die Pfirsichbowle tropfte auf Herrn Gugurells Hose. Guggis treuer Hundeblick schien zu sagen: Ich hab's! Ich weiß, was mir fehlt!
»Na gut, na gut«, sagte Herr Gugurell – und mit der einen Hand putzte er die Pfirsichstücke von der Hose und mit der anderen Hand tätschelte er Guggi hinter den Ohren … »Na gut, na gut, lieber Guggi«, sagte er und seufzte dabei.
Dann holte er das Telefonbuch und suchte die Num-

mer von der Nervenheilanstalt. Guggi saß neben ihm und quietschte vor Freude wie eine alte Tür im Wind und klopfte mit dem Schwanz den Egerländermarsch; der war das Lieblingslied von Frau Gugurell. Herr Gugurell wählte die Nummer der Nervenheilanstalt und sprach lange mit dem Oberarzt.

Nachdem Herr Gugurell zehnmal »ja« und fünfmal »jajaja« gesagt hatte, sagte er noch zweimal »jawohl« und zum Schluß: »Also morgen mittag, Herr Oberarzt!«, und dann legte er auf.

Am nächsten Tag hatte Guggi viel zu tun. Guggi besorgte ein Gartenbett mit Rädern unten dran. Er kochte Apfelmus und kaufte eine große Flasche Lebertran. Und um das Gartenbett herum mähte er drei Reihen rosa Rüschen. Zu Mittag war alles fertig.

Guggi stellte sich zum Gartentor und wartete. Als Herrn Gugurells Auto um die Kurve bog, wischte er sich je eine Freudenträne aus jedem Auge.

Frau Gugurell lag hinten im Auto. Sie war sehr schwach und sehr mager von der langen Krankheit. Und sehr hilflos und zittrig war sie auch.

Guggi nahm sie zärtlich in die Arme und trug sie durch den Garten und legte sie sanft ins rosa-gerüschte Bett.

Guggi saß den ganzen Nachmittag bei Frau Gugurell. Er schob das Gartenbett sanft hin und her, er vertrieb die Fliegen und die Hummeln. Er bellte Schlaflieder und fütterte Frau Gugurell mit Apfelmus und Lebertran.

Herr Gugurell saß daneben und seufzte. Als es Abend wurde, schlich er ins Haus. Er ging in die Küche und nahm sich eine Schüssel mit Mus und ein Glas Lebertran dazu. Er setzte sich an den Küchentisch und aß, und dabei murmelte er: »Man muß den richtigen Familiensinn haben!«
Weil es aber furchtbar schwierig ist, Familiensinn zu haben, stand Herr Gugurell auf und holte aus dem Badezimmer das Schlaftablettenröhrchen und warf alle Schlaftabletten in den Ausguß. Und am nächsten Tag verkaufte er sein Motorboot.

Die Zwillingsbrüder

Es werden einmal zwei wunderschöne Zwillingsbrüder sein. Arme und Beine werden sie haben und dazu noch Flügel. Flügel mit dunkelblauen Federn. Menschenhaare werden sie haben, blond und glänzend wie pures Gold. Und einen prächtigen Vogelschnabel. Vom Hals bis zu den Zehen wird ihr Leib mit dunkelblauen Federchen bedeckt sein. Sie werden laufen und schwimmen und fliegen können, und dieses Land hier wird ihnen gehören. Im Sommer werden sie im Wasserschloß wohnen, im Winter in der Felsgrotte. Sie werden einander sehr, sehr liebhaben und tagaus, tagein nur glücklich sein. Bis zu ihrem dreißigsten Geburtstag werden sie gar nicht wissen, daß es auch Leid und Kummer auf dieser Welt gibt. Doch an ihrem dreißigsten Geburtstag werden viele, viele Menschen aus dem Nachbarland über die Grenze kommen. Ganz gewöhnliche Menschen – ohne Schnäbel, ohne Flügel, ohne Federn. Daß ihnen ihr eigenes Land zu klein geworden ist, werden sie sagen. Und daß ab jetzt auch dieses Land ihnen gehört! Und daß sie jeden töten werden, der dagegen aufbegehren will! Und die armen Zwillinge werden dagegen machtlos sein, weil zwei gegen so viele gar nichts ausrichten können.
Die ganz gewöhnlichen Menschen werden Häuser bauen und Straßen und Brücken, Gärten werden sie

anlegen, sogar zwei richtige Städte werden entstehen. Eine am rechten Flußufer und eine am linken Flußufer. Und die ganz gewöhnlichen Menschen werden die Zwilllinge auslachen! Was sind denn das für komische Wesen, werden sie fragen. Nicht Mensch, nicht Vogel werden sie sagen. Das muß ein Irrtum der Natur sein, der solche Mißgeburten hervorgebracht hat! Sie werden Jagd auf die Zwillinge machen. Mit großen Netzen werden sie ausziehen, um sie zu fangen. Den einen werden sie aus dem Fluß fischen, den anderen werden sie von einer Baumkrone herunterholen. Den einen werden sie in die Stadt am rechten Flußufer bringen, den anderen in die Stadt am linken Flußufer. Auf den Hauptplätzen der Städte werden sie hölzerne Käfige errichten. Da hinein werden sie die Zwillinge sperren. »Für unsere Kinder«, werden sie sagen. »Der Anblick dieser Natur-Irrtümer ist sehr lehrreich!«
Doch gleich in der ersten Nacht, noch vor Mitternacht, werden die Zwillinge die hölzernen Käfigstangen zerpeckt haben. Für so starke Schnäbel wie die ihren wird das eine Kleinigkeit sein! In stockfinsterer Nacht werden sie dann herumirren und nach dem geliebten Bruder suchen. Und sie werden sich sagen: So wie ich ausschaue, bin ich am Morgen auf den ersten Blick erkannt und wieder eingesperrt. Und dann wird der Käfig aus Eisen sein, und Eisenstäbe kann mein Schnabel nicht durchpecken! Und dann werden sie denken: Aber wenn ich mir die Flügel ausreiße und die Federn

auch, kann mich niemand mehr so schnell erkennen! Also werden sie sich ans schmerzhafte Werk machen, und bei Sonnenaufgang werden sie gerupft und nackend sein, nur noch zwei kleine blutige Stellen am Rücken werden davon zeugen, daß da einmal Flügel gewesen sind. Und die langen Goldhaare werden sie sich auch kurz beißen. Bloß gegen ihre Schnäbel werden sie nichts tun können. Doch wenn man den Kopf senkt und im Schatten hält, lassen sich ein Vogelschnabel und eine große Menschennase kaum auseinanderhalten.

Dann wird der Bruder in der Stadt am rechten Flußufer einen Betrunkenen finden, der vor einer Wirtshaustür schläft. Dem wird er Rock, Hose, Hemd und Schuhe ausziehen und sich das Zeug selbst anziehen.

Der Bruder in der Stadt am linken Flußufer wird nicht soviel Glück haben. Der wird in ein Haus einbrechen müssen, um sich Kleider aus einem Schrank zu holen.

Und dann wird der Morgen dasein, die Zwillinge werden durch die Straßen der Städte gehen, niemand wird sie erkennen. Tagelang werden sie verzweifelt nach einander suchen! Schließlich werden sie die Städte verlassen, um den Bruder anderswo im Land zu finden.

Auf der Brücke, die vom rechten Flußufer zum linken führt, werden sie einander treffen. Der Bruder, der aus der Stadt am rechten Flußufer kommt, wird unter der Brücke sitzen und sich ein wenig ausruhen. Und der Bruder, der aus der Stadt am linken Flußufer kommt,

wird auf der Brücke stehenbleiben und sich über das Brückengeländer beugen, um ins Wasser zu schauen. Er wird seinen Bruder sehen und sogar »Guten Tag« zu ihm sagen. Aber weil er nicht wissen wird, daß sich auch sein geliebter Bruder die Federn gerupft, die Flügel ausgerissen und die Haare abgebissen hat, wird er ihn nicht erkennen.

Und der, der unter der Brücke sitzt, wird ebenfalls nach einem goldhaarigen, prächtig gefiederten Flügelwesen ausschauen und darum der elenden Jammergestalt auf der Brücke bloß »Guten Tag« zumurmeln. Und dann werden sie sich wieder auf die Suche machen, Tag um Tag, Jahr um Jahr. Alt und gebrechlich werden sie werden, hundertmal werden sie noch einander begegnen, ohne einander zu erkennen. Und wenn sie nicht irgendwann einmal sterben werden, dann werden sie ewig herumirren und einander suchen. Viele, viele, bittere Tränen werden sie umeinander weinen, und überall dort, wo eine ihrer Tränen hinfällt, wird im Nu eine dunkelblaue Blume wachsen, eine mit feinen Golddäderchen auf den Blättern. Und die Menschen werden diese Blumen *Brudertreu* nennen, ohne zu wissen, wie recht sie damit haben.

Eine mächtige Liebe

Kitti und ihre Eltern wohnten im ersten Stock. Im zweiten Stock wohnten Michl und seine Eltern. Die Wohnung im dritten Stock stand leer. Sie gehörte der »Frau General«. Die war im Pflegeheim, und der Mann, dem das Haus gehörte, wartete ungeduldig darauf, daß die Frau General endlich starb, weil er die Wohnung vorher an niemand anderen vermieten durfte. Bevor die Frau General ins Pflegeheim gegangen war, hatte sie alle Blumentöpfe in den Gang vor die Wohnungstür gestellt: Das Philodendron, die Zimmerlinde, den Gummibaum, den Christusdorn und eine Menge anderer grüner Pflanzen. Kitti und Michl hatten der Frau General versprochen, die Blumen zu hüten. Und sie hielten ihr Versprechen. Zweimal die Woche gossen sie die Blumen, alle zwei Wochen einmal taten sie Blumendünger ins Gießwasser, und jeden Monat einmal schrieben sie der Frau General einen Brief, in dem stand, daß die Blumen gut weiterlebten und keine gelben Blätter hatten und tüchtig wuchsen. Kitti und Michl nannten den Gang im dritten Stock: unseren Urwald. Sie waren gern dort. Nicht nur zum Blumengießen. Michl hatte eine blaue Luftmatratze in den Urwald gebracht. Kitti hatte eine rote Decke und zwei gelbe Kissen hinaufgetragen. Im Sommer lag die Decke auf der Luftmatratze, und die Kissen – hübsch ordentlich mit eingeknickten Oberkanten – lehnten am Ende der Matratze, dort, wo sie an die Mauer stieß. Im Winter bauten Kitti und Michl aus der Decke ein Zelt. Die Luftmatratze und die Kissen waren dann im Zelt drinnen. Man mußte genau hinschauen, um das Zelt überhaupt zu bemerken. Es war fast verdeckt von den dunklen Philodendronblättern und den hellen Zimmerlindenblättern und den gestreiften Wasserlilienblättern und den gesprenkelten Gummibaumblättern.

Die Eltern von Kitti und Michl lachten über den Urwald. Sie sagten: »Die zwei lieben sich mächtig! Ein Urwald ist zum Mächtiglieben gerade richtig!« Und ein bißchen ärgerten sie sich auch über den Urwald. Sie sagten: »Da richtet man den Kindern für teures Geld herrliche Kinderzimmer ein, und dann hocken sie dauernd auf dem zugigen Gang herum!«

Wenn Kitti im Winter Schnupfen hatte, schimpfte die Mutter: »Das kommt davon, weil du dauernd da oben bist!«

Wenn Michl im Sommer Kopfweh hatte, schimpfte die Mutter: »Das kommt davon, weil du dauernd da oben bist!«

Aber in Wirklichkeit waren Kitti und Michl gar nicht »dauernd« im Urwald. Sie gingen ja in die Schule, sie schliefen in den Kinderzimmerbetten, und schwimmen und eislaufen und ins Kino gingen sie auch. Und wenn im Fernsehen ein hübscher Film war, dann

schauten sie den bei Michls Eltern oder bei Kittis Eltern im Wohnzimmer an. Eins allerdings stimmte – wenn Michl oder Kitti sagten: »Wir gehen jetzt nach Hause«, dann meinten sie das sechs Quadratmeter große Stück Gang vor der Tür der Frau General.
Als Kitti und Michl den Urwald drei Jahre lang hatten, ließen sich Kittis Eltern scheiden. Kittis Vater zog aus. Er nahm zwei vollgepackte Koffer mit, den ledernen Fernsehstuhl, den Schreibtisch und vier Kisten Bücher. Während die Möbelpacker den Kram die Treppen runterschleppten, waren Kitti und Michl im Urwald oben. Im Zelt. Denn es war Winter. Michl fragte Kitti, ob sie nun sehr traurig sei. Kitti sagte: »Nein, er hat sich in eine blonde Dame verliebt, ohne die kann er nicht mehr sein. Außerdem war er ohnehin fast nie mehr da. Und jeden Sonntag, hat er gesagt, wird er mich abholen. Da seh ich ihn dann länger als bisher!«
Der Vater holte Kitti wirklich jeden Sonntag ab. Und er brachte ihr immer ein teures Geschenk mit. Kitti trug alle Geschenke in den Urwald. Sie wünschte sich von ihrem Vater nur Dinge, die im Urwald zu brauchen waren: einen Recorder, eine zweite Decke, einen winzigen Tisch, eine riesige Taschenlampe, einen kleinen Teppich und einen großen Besen samt Schaufel. Und zu Weihnachten schenkte ihr der Vater einen Fernsehapparat, der mit Batterien betrieben war. Im Urwald gab es ja keine Steckdose.
Michl vergrößerte das Zelt. Sein Vater half ihm dabei.

Sie bauten ein festes Lattengerüst und bespannten es mit Decken. In eine Decke schnitt Michls Mutter ein rechteckiges Loch und steppte durchsichtige Plastikfolie dahinter. Wie ein richtiges Fenster war das.
Michl und Kitti fanden das neue, große Zelt so hübsch und so praktisch, daß sie es auch im Sommer stehen ließen. Sie blieben jetzt oft ziemlich lange im Urwald oben. Weil sie den eigenen Fernseher hatten und den kleinen Tisch zum Essen und Licht aus der großen Taschenlampe. Und weil Kittis Mutter fast jeden Abend Besuch hatte. Otto hieß der Besuch. Früher hatte Kittis Mutter darauf bestanden, daß Kitti um neunzehn Uhr – pünktlich! – aus dem Urwald herunterkam. Seit der Otto zu Besuch kam, meinte sie. »Wenn es dir Spaß macht, kannst du länger bleiben. So klein bist du ja nicht mehr!« Und zum Otto sagte sie: »Weißt du, die Kitti und der Michl lieben sich nämlich mächtig!«
Michl fragte Kitti: »Sag, magst du den Otto eigentlich gut leiden?«
Kitti antwortete: »Ich weiß nicht. Aber die Mama mag ihn sehr. Darauf kommt es schließlich an!«
Zu Kittis elftem Geburtstag bekam sie von ihrem Vater eine Haushaltsleiter. Die brauchten Kitti und Michl dringend, um den Urwald abzustauben. Der Philodendron, die Zimmerlinde und der Gummibaum waren bereits an die drei Meter hoch und stießen mit den obersten Blättern an die Decke.
Michl schenkte Kitti eine selbstgebackene Torte mit

zwölf Kerzen; eine kleine für jedes Lebensjahr und eine große, die war das Lebenslicht.
Am Geburtstagsabend saßen Michl und Kitti im Zelt im Urwald. Sie hatten eine Spitzendecke über den winzigen Tisch gebreitet, darauf stand die Torte, und alle zwölf Kerzen brannten. Michl und Kitti aßen die halbe Torte auf. Die andere Hälfte wollte Michl in den Eisschrank seiner Mutter stellen, damit sie morgen am Abend weiteressen konnten. Doch Kitti sagte: »Michl, ich bring die Torte dem Otto runter. Der freut sich über was Süßes. Und die Mama freut sich, wenn sich der Otto freut!«
»Meine Mutter glaubt«, sagte Michl, »daß deine Mutter demnächst den Otto heiraten wird!«
»Ja, das glaube ich auch«, sagte Kitti. »Sie hat ihn sehr gern. Sie will nicht, daß er am Abend weggeht, und sie hätte ihn auch gern beim Frühstück neben sich. Und wenn er einen Tag gar nicht kommt, dann ist sie traurig. Also wird es besser sein, wenn sie heiraten!«
Später dann – so gegen neun Uhr – kam Kitti mit der halben Torte ins Wohnzimmer ihrer Mutter. Der Otto freute sich über die Torte. Und die Mutter freute sich, weil sich der Otto freute. Der Otto holte eine Flasche Sekt aus dem Eisschrank und füllte drei Gläser. Das für Kitti nur halb. Kitti stieß mit Otto und der Mutter auf eine glückliche Zukunft an.
»Weil wir schon bei der Zukunft sind«, sagte die Mutter, »da will ich gleich etwas mit dir besprechen!« Und

dann erklärte sie Kitti, daß der Otto gern Kittis neuer Vater werden wolle und daß sie sich schrecklich freuen würde, wenn Kitti nichts dagegen einzuwenden habe. Kitti sagte, sie habe nichts dagegen einzuwenden. Die Mutter küßte Kitti, und der Otto lächelte ihr zu. Und dann sagte Kittis Mutter: »Und jetzt kommt noch eine Überraschung, Kind!« Die Überraschung war: Der Otto bekam ab nächsten Ersten einen besseren Posten in seiner Firma. Da verdiente er dann doppelt soviel wie vorher. Und die Firma stellte ihm auch eine Wohnung zur Verfügung. Eine riesige Wohnung. Den ganzen ersten Stock einer schönen Villa. »Und nun rate mal, wo die Villa steht, Kind«, rief die Mutter, und ihre Augen glänzten und glitzerten wie gläserne Christbaumkugeln. Kitti wollte nicht raten.
»In Salzburg steht die Villa!« rief die Mutter. »Im wunderschönen Salzburg! In meiner Lieblingsstadt! Wir übersiedeln nämlich nach Salzburg!«
»Nein«, sagte Kitti, stand auf, ging aus dem Wohnzimmer, ging in das Kinderzimmer, legte sich ins Bett und murmelte dabei ununterbrochen: »Nein!«
Die Mutter kam zu ihr und redete gut eine Stunde auf sie ein. Sie zeigte ihr ein Foto von der wunderschönen Villa und versprach, auf dem Dachboden der Villa einen riesigen Urwald aufzustellen. Sie behauptete, in Salzburg seien die Schulen und die Lehrer viel freundlicher, die Spielplätze schöner, die Luft sei gesünder, und die Leute seien viel netter. Nur ein dummes klei-

nes Mädchen, sagte die Mutter, könne so borniert sein, daß es nicht nach Salzburg ziehen wolle.
»Ich geh nicht vom Michl weg«, sagte Kitti.
»In Salzburg wirst du einen anderen Freund finden«, sagte die Mutter.
»Such du dir einen anderen Freund«, sagte Kitti.
»Aber ich liebe den Otto«, rief die Mutter.
»Und ich liebe den Michl«, rief die Kitti.
»Ich schwör dir«, sagte die Mutter, »in einem Jahr hast du den Michl komplett vergessen!«
»Vergiß du den Otto komplett!« sagte Kitti.
»Du wirst noch ein Dutzend anderer Freunde finden«, sagte die Mutter.
»Such du dir ein Dutzend anderer Freunde«, schrie Kitti, drehte sich zur Wand und schloß die Augen.
Da verließ die Mutter seufzend das Kinderzimmer. Kitti hörte sie mit dem Otto reden und hoffte, sie würde dem Otto nun erklären, daß man ganz unmöglich nach Salzburg ziehen könne. Kitti stieg aus dem Bett und schlich zur Wohnzimmertür, weil sie hören wollte, wie der Otto diese Botschaft aufnahm. Sie hörte den Otto sagen: »Na ja, sie wird das schon überwinden!« Kitti wartete, daß die Mutter dem Otto eine Antwort gab, aber es blieb still. Kitti machte die Tür einen Spalt weit auf und sah, daß die Mutter den Otto küßte. Der Kuß dauerte lange. Kitti ging ins Bett zurück, bevor der Kuß zu Ende war.
Am nächsten Morgen, vor der Schule, ging Kitti zur

Wohnung ihres Vaters. Der Vater wollte gerade ins Büro fahren. Nur weil Kitti sagte, daß es sehr dringend sei, zog er den Mantel wieder aus und setzte sich mit Kitti ins Wohnzimmer. Kitti wollte dem Vater von Otto und von Salzburg erzählen, aber der Vater wußte das alles schon. Er sagte: »Deine Mutter und ich haben das alles schon besprochen. Wir kommen nicht zu kurz. Ab jetzt hol ich dich nur jedes zweite Wochenende, dafür bleibst du aber dann zwei Tage bei mir!«
Kitti erklärte dem Vater, daß es ihr gar nicht um die Vater-Tage ging, sondern um den Michl. Da war der Vater ein bißchen beleidigt und sagte: »Kind, das kann ich nun wirklich nicht ändern!«
»Doch«, rief Kitti, »das kannst du!«
»Wie denn?« fragte der Vater.
»Ganz einfach«, sagte Kitti. »Ich hab mir das heute nacht überlegt. Die Mama zieht mit dem Otto nach Salzburg, und du ziehst in unsere Wohnung zurück. Und ich bleibe bei dir!«
»Das ist ausgeschlossen«, rief der Vater. Er zählte eine Menge Gründe auf, warum das ausgeschlossen sei: Daß er keinen Haushalt führen könne, sagte er. Daß er dauernd Überstunden machen müsse und sich kaum um Kitti kümmern könne. Und daß er doch die blonde Dame habe. Und daß er die, demnächst schon, heiraten werde. Das sei so gut wie ausgemacht. Und die blonde Dame, die habe ein kleines Haus am Stadtrand, ein reizendes, kleines Haus. In dieses Haus, sagte der

Vater, werde er nach der Heirat einziehen. »Aber Kindchen«, sagte er, »wenn ich dann wieder verheiratet bin und wenn du wirklich nicht bei diesem Otto in Salzburg wohnen willst, dann kannst du zu uns ziehen. Meine Frau wird sich freuen. Sie mag Kinder.«

Kitti erklärte dem Vater noch einmal, daß es ihr um den Michl ging, daß sie gar nichts davon habe, wenn sie mit seiner neuen Frau und ihm in einem reizenden Haus wohnen könne.

»Kindchen, so sei doch nicht so stur«, rief der Vater.

Da verabschiedete sich Kitti und ging in die Schule. Nach der Schule, zu Mittag, nahm Michl Kitti zu seiner Mutter mit. Michl fragte die Mutter, ob Kitti ab nächsten Monat bei ihm im Kinderzimmer schlafen könne und ob die Mutter bereit sei, Frühstück, Mittagessen, Nachtmahl an Kitti abzugeben und ihre Wäsche zu waschen. »Bügeln und Knöpfe annähen«, sagte Kitti, »kann ich selber.«

Michls Mutter lachte. Dann meinte sie, unter Umständen sei sie dazu bereit. Zum Beispiel, wenn Kittis Mutter verreisen müsse. Oder krank sei. So aber, ganz ohne richtigen Grund, sei das blanker Unsinn. Und außerdem, sagte sie, würde das Kittis Mutter gar nicht erlauben.

Am Abend saßen Kitti und Michl in ihrem Zelt im Urwald. Sie zerschlugen mit einem Hammer eine rosa Sparsau und einen grünen Sparhund und klaubten einen großen Haufen Münzen aus den Scherben und

stopften die Münzen in die Hosentaschen. Michl ließ die Luft aus der Luftmatratze und rollte sie zusammen. Kitti faltete die Decke zu einem Paket, legte die zwei Kissen darauf und band eine feste Schnur darum.
»Mehr haben wir am Anfang auch nicht gehabt«, sagte Michl.
»Und mehr brauchen wir auch nicht!« sagte Kitti.
Sie gingen die Treppen leise hinunter, verließen das Haus und liefen zum Bahnhof. Sie schauten auf dem Fahrplan nach, welcher Zug als nächster wegfahren sollte. Der nächste Zug war ein Schnellzug nach Paris. Und die erste Station hatte er in St. Pölten.
Sie kauften zwei Kinderkarten nach St. Pölten. Sie stiegen in den Zug und setzten sich in ein leeres Abteil.
»Wenn jemand kommt und uns fragt«, sagte Michl, »dann sagen wir, wir sind Geschwister und fahren zu unserer Großmutter!«
Aber es kam niemand. Erst als der Zug im Bahnhof von St. Pölten einrollte und Michl und Kitti schon bei der Waggontür standen, ging ein Schaffner vorbei. Aber der sagte bloß: »Na, ihr beiden!« Dann war er wieder weg.
Kitti und Michl hatten noch drei Hosentaschen voll Münzen. Und Hunger hatten sie auch. Ins Bahnhofsrestaurant wollten sie nicht gehen. Drei Männer in Uniform standen beim Schanktisch. Das waren Nachtwächter einer Wach- & Schließgesellschaft. Kitti hielt sie für Gendarmen.

Kitti und Michl gingen vom Bahnhof auf die Straße hinaus. Es war bald Mitternacht. Alle Läden und alle Kaffeehäuser und Restaurants hatten geschlossen. Sie gingen zuerst die Straße hinunter, dann zum Bahnhof zurück, dann die Straße hinauf und wieder zum Bahnhof zurück. Sie setzten sich in den Wartesaal. Außer ihnen war niemand dort. Michl rollte die Luftmatratze auf. Kitti nahm die Schnur vom Decken-Kissen-Paket. Sie legten die Luftmatratze auf die Wartebank, legten sich drauf, schoben die Kissen unter die Köpfe und deckten sich mit der Decke zu.
Als sie erwachten, standen ein Gendarm und ein Schaffner vor ihnen. Der Gendarm lachte. »Da haben wir ja das Liebespaar«, sagte er. Und: »Das muß aber eine mächtige Liebe sein!« Der Gendarm nahm Michl und Kitti mit zur Gendarmerie. Dort waren noch drei andere Gendarmen, die waren auch sehr heiter.
Kitti und Michl bekamen Tee und Wurstbrote von den Gendarmen. Und kaum eine Stunde später ging die Wachzimmertür auf, und Michls Vater und Kittis Mutter kamen herein. Michls Vater sagte zu Michl: »Du kleiner Spinner, du!«
Kittis Mutter rief: »Ach, Kindchen!« und umarmte und küßte Kitti.
Die Gendarmen lachten noch immer. »Ladet uns aber auch zur Hochzeit ein!« rief der Gendarm, der Kitti und Michl im Wartesaal gefunden hatte, hinter ihnen her, als sie das Wachzimmer verließen.

»Was habt ihr euch denn eigentlich vorgestellt?« fragte Michls Vater im Auto auf der Heimfahrt. »Was hättet ihr denn tun wollen?«
Kitti gab keine Antwort. Michl sagte: »Aber es war das einzige, was wir noch versuchen konnten!«
Zwei Wochen später fuhr Kitti mit ihrer Mutter und dem Otto nach Salzburg. Sie fuhren im Auto vom Otto. Der Otto saß am Steuer. Kitti und ihre Mutter saßen hinten im Wagen. »Weinst du, Kind?« fragte die Mutter.
Kitti schüttelte den Kopf. Sie weinte wirklich nicht.
Die Mutter legte einen Arm um Kittis Schultern. »Wir werden es schön haben, wir drei. Du wirst schon sehen«, sagte sie.
Kitti rückte von der Mutter weg und drückte sich gegen die Autotür.
»Aber Kind«, sagte die Mutter. »Aber Kind!« Sie packte Kitti bei den Schultern und zog sie an sich und hielt sie fest. »Aber Kind«, murmelte sie und drückte ihr Gesicht in Kittis Haare.
»Laß mich los! Ich mag das nicht!« rief Kitti.
Die Mutter ließ Kitti los. Kitti rückte wieder zur Tür hin.
»Hast du mich gar nicht mehr lieb?« fragte die Mutter.
»Nein«, antwortete Kitti, und während sie in das entsetzte Gesicht der Mutter sah, spürte sie seit vielen Tagen zum erstenmal wieder so etwas Ähnliches wie ein Gefühl der Freude.

Mein Großvater

Mein Großvater füttert gerne die Spatzen im Hof mit Brotbröseln. Er liebt die Spatzen. Die Tauben mag er nicht. Er trägt immer ein paar getrocknete Kirschkerne in der Tasche. Und einen Gummiring. Wenn sich die Tauben dem Futterplatz nähern, schießt er nach ihnen. Der Kummer meines Großvaters aber ist, daß sich die Spatzen ebenso betroffen fühlen wie die Tauben, was der Situation auch entspricht, denn mein Großvater schießt furchtbar schlecht. Es erstaunt mich jedoch sehr, daß ich weder für die Tauben noch für die Spatzen, sondern für meinen Großvater so großes Mitleid empfinde.

Ameisen

Im Hof unten, bei den Mülltonnen, sitzt immer der Gerhard. Jeden Tag hockt er dort. Stundenlang. Den Ameisen schaut er zu. Die Ameisen kommen aus einem Riß in der Hausmauer. In Dreierreihen wandern sie die Mauer hinunter, über den Betonboden und dann die Mülltonnen hinauf. Wenn sie aus den Mülltonnen wieder herauskommen, tragen sie die Beute mit sich: ein Reiskorn, ein Brotbrösel, eine Winzigkeit Apfelschale und allerhand Krümel, denen man nicht ansieht, woraus sie bestehen. Der Hubert versteht nicht, warum der Gerhard jeden Tag stundenlang den Ameisen zuschaut. Und fragen kann er ihn ja auch nicht danach. Der Gerhard kann nicht richtig reden. Bloß »Mama« und »nein« kann er sagen. Alles andere, was er sagt, ist ein unverständliches Gebrabbel, aus dem nur seine Mama schlau wird.
»So was von stumpfsinniger Glotzerei«, sagt der Hubert zu den anderen Kindern. Und die anderen Kinder geben ihm recht. Aber manchmal, wenn weder der Gerhard noch die anderen Kinder im Hof sind, dann hockt sich der Hubert auch zu den Mülltonnen und schaut den Ameisen zu. Ganz im geheimen nämlich hat er den Verdacht, daß es da schon was zu sehen gibt, etwas, das unheimlich aufregend ist, etwas, das nur der Gerhard weiß.

ch!
NO
HOMA

Das Glück ist ein Vogerl

Meine Großmutter sang jeden Tag ein Lied vom Glück. Vom Glück, das ein Vogerl ist. Der Refrain des Liedes ging so: »Das Glück ist ein Vogerl, gar lieb, aber scheu, es läßt sich schwer fangen, doch fortg'flogen ist's gleich.« Und weil meine Großmutter immer, wenn sie das Lied sang, zum Käfig mit dem blauen Wellensittich hinschaute, war mir klar, daß der Wellensittich das Glück ist!
Nun war aber meine Großmutter eine recht unglückliche Frau. Wie ein Schwein litt sie am Leben. Über nichts konnte sie sich freuen, an allem hatte sie etwas auszusetzen, nie ging es ihr richtig gut. Warum das so war, war mir auch klar. Das ging ja eindeutig aus dem Refrain vom Glückslied hervor. Gar lieb, aber scheu war das Vogerl! Und es wollte sich nicht einfangen lassen! Herumfliegen wollte es! Frei wollte es sein! War also kein Wunder, daß es die Großmutter nicht glücklich machte, wo es die doch eingefangen und eingesperrt hatte!
Aber so war die Großmutter eben. Immer wollte sie alle zu etwas zwingen. Nie konnte sie jemandem den eigenen Willen lassen. Dem Großvater nicht. Mir nicht. Dem Glück auch nicht. Und darum fand ich es nur gerecht, daß das Glück im Käfig nicht bereit war, für die Großmutter etwas zu tun.

Aber einmal, an einem Sonntag, war die Großmutter richtig lieb zu mir. Und zum Großvater auch. Wie immer am Sonntag gingen wir auf den Friedhof. Auf dem Hinweg kaufte sie mir ein Eis, auf dem Rückweg einen roten Luftballon. Kein bißchen schimpfte sie mit mir. Nicht einmal, als mir die Eiskugel vom Stanizl aufs Sonntagskleid plumpste. Und dem Großvater erlaubte sie, nach dem Grabblumengießen ins Kaffeehaus zum Kartenspielen zu gehen. Da dachte ich mir, daß die Großmutter eine Belohnung verdient habe.
Als wir wieder daheim waren, ging ich zum Vogelkäfig, machte die kleine Gittertür auf, holte das Glück heraus und setzte es aufs Küchenfensterbrett. Zuerst

blieb das Glück ganz verdutzt sitzen. Erst als ich ihm einen sanften Schubs gab, begriff es, daß es nun endlich wieder frei war und flatterte los, durch den Hinterhof, dem Kastanienbaum zu. Zwischen den dunkelgrünen Kastanienblättern sah ich dann noch – einmal da, einmal dort – seine blauen Federn durchblitzen, dann war es ganz verschwunden, und ich war mir sicher: Jetzt ist das Glück auf die Großmutter nimmer böse!

Die Großmutter hat fürchterlich geweint, als sie den leeren Vogelkäfig gesehen hat, und auf mich war sie so böse wie noch nie vorher. Wochenlang hat sie kein Wort mehr mit mir geredet, und habe ich etwas zu ihr sagen wollen, hat sie mich angekeift: »Halt den Mund, kein Wort will ich von dir hören!«

Und darum habe ich ihr auch nicht sagen können, daß die »vier Richtigen« im Lotto, die sie am Mittwoch nach dem Sonntag gehabt hat, nur mir zu verdanken waren.

Mutterschule

Es war einmal eine Hasenmutter, die bekam jedes Jahr sieben Hasenkinder. Als ihr allererster Wurf in die Schule kam und dort tagtäglich mit nichts als roten »sagenhaft ungenügend« und »mangelhaft unbefriedigend« unter den Schularbeiten heimkehrte, war sie total erschüttert, wütend und böse, zog die armen Junghasen an den Löffeln und kniff sie strafweise in die Stummelschwänze.

Als es ihrem nächsten Hasenwurf in der Hasenschule nicht anders erging, war sie nicht mehr so erschüttert. Aber böse und wütend war sie schon, zog wieder an den Löffeln und zwickte in die Stummelschwänze. Beim schulischen Mißerfolg ihres dritten Wurfs war sie an die vielen »sagenhaft ungenügend« und »mangelhaft unbefriedigend« schon so gewöhnt, daß sie nur noch an den Löffeln zog und sich das Stummelschwanzkneifen ersparte. Im Jahr darauf, als ihr vierter Wurf mit abscheulich miesen Zensuren aus der Hasenschule heimgehoppelt kam, sprach sie in aller Seelenruhe: »Hauptsache, die Kinder sind gesund!«

So geht es im Leben. Nicht nur bei Hasen, auch bei Menschen. Aber welches Kind hat schon das Glück, das achtundzwanzigste einer lernfähigen Mutter zu sein?

Ein hellblauer Pullover

Als ich klein war, glaubte ich – wie damals alle anderen kleinen Kinder – an das Christkind. Das tat ich auch noch, als ich in die Schule kam. Aber dann, Anfang Dezember, sagte mir meine große Schwester – ganz geheim natürlich – , daß es kein Christkind gibt! Daß einem die Eltern das bloß vorschwindeln und in Wirklichkeit selbst die Geschenke besorgen. Zuerst wollte ich es gar nicht glauben. Aber meine große Schwester beschwor es mit zwei erhobenen Fingern und »bei meinem Augenlicht«, und der Schwur, das wußte ich, war ihr heilig. Damit machte sie keine Späße!
»Warum lügen die denn so?« fragte ich.
»Macht ihnen halt Spaß!« sagte meine große Schwester. »So wie die Sache mit dem Storch und dem Zuckerstück und den Babys.« Und dann verlangte sie, ich dürfe unserer Mutter ja nicht sagen, daß ich nun die Wahrheit wisse! Sonst würde unsere Mutter bitterböse auf sie sein.
Ein paar Tage später, in der Schule, malte die Frau Lehrerin einen geschmückten Tannenbaum an die Tafel. Und erzählte uns vom Christkind. Daß es hübsche kleine Flügel habe und einen Heiligenschein und einen Schlitten, auf den die Geschenke gepackt sind. Und zwei Rentiere, die ihm helfen, den schweren Schlitten zu ziehen. Und weil es auf der Reise, vom Himmel zur

Erde runter, ja schrecklich kalt sei, habe das arme Christkind ganz klamme Fingerchen und ein rotgefrorenes Näschen. Aber solch Ungemach nehme es auf sich, weil es alle Kinder so lieb habe. Das ärgerte mich! Daß mir meine Mutter und meine Großmutter etwas vorgeschwindelt hatten, fand ich nicht so schlimm. Die beiden flunkerten oft. Und sie waren auch nie sehr empört, wenn jemand anderer ein bißchen mogelte. Aber die Frau Lehrerin sagte immer, daß man unbedingt die Wahrheit sagen müsse, daß jede Lüge eine schwere Sünde sei! Ich hob meine zwei Aufzeigefinger.
»Ja, Christerl?« fragte die Frau Lehrerin.
Ich stand auf und sagte: »Bitte, es gibt kein Christkind! Das wird den Kindern nur vorgelogen!«
Die Evi, die neben mir saß, tippte sich mit einem Zeigefinger an die Stirn. Die Erika, die vor mir saß, drehte sich um und rief: »Spinnst du?« Die Susi, die hinter mir saß, boxte mich in den Popo und fragte: »Bist du plemplem worden?« Und alle anderen Kinder rundherum schauten mich an, als hätte ich die grausliche Krätze. Und da ging die Klassentür auf, und die Frau Direktor kam herein. Die merkte die Unruhe in der Klasse und fragte: »Ja, was ist denn da los?«
Die Frau Lehrerin zeigte auf mich und sagte: »Sie wollte uns gerade weismachen, daß es kein Christkind gibt!« Dabei schüttelte sie bekümmert den Kopf. Als ob sie traurig sei, ein so vertrotteltes Kind unterrichten zu müssen.

Ich dachte: Gleich wird die Frau Direktor sagen, daß ich recht habe, und dann werden alle anderen blöd schauen! Aber die Frau Direktor schaute mich auch bloß traurig an und sagte: »Wenn du nicht an das Christkind glaubst, wird es dir wohl auch nichts bringen, du armes Kind!«

Dann ging sie zur Frau Lehrerin und tuschelte mit der ein bißchen. Ich setzte mich wieder hin. Die Kinder in der Klasse schauten mich jetzt nicht nur an, als ob ich die Krätze hätte, sondern auch, als ob ich drei Meter gegen den Wind stinken würde. Die Evi rückte sogar so weit weg von mir, daß sie bloß noch mit einer Popohälfte auf der Bank saß.

Bis um zwölf Uhr, bis die Schule aus war, überlegte ich: Es ist unmöglich, daß eine Frau Lehrerin einfach lügt! Und eine Frau Direktor schon gar nicht! Das gibt es nicht! Also muß es doch ein Christkind geben, und meine große Schwester hat bei ihrem Augenlicht etwas Falsches geschworen! Und jetzt ist das Christkind böse auf mich, und ich kriege zu Weihnachten nichts!

Richtig verzweifelt kam ich daheim an. Nur meine Großmutter war zu Hause. Sie wollte, daß ich Erbsensuppe esse. Dicke, gelbe Suppe mit Mehlbröckerln und glasigen Fettwürferln. Ich schob den Teller von mir weg. Sie schob mir den Teller wieder zu. Ich schob ihn wieder weg. Ein bißchen zu heftig. Suppe schwappte über den Tellerrand.

»Du bist vielleicht ein Fratz!« rief sie und trug den Tel-

ler weg. »So knapp vor Weihnachten wäre ich an deiner Stelle braver! Ungezogenen Fratzen bringt das Christkind nämlich nix!«
Ich schluchzte: »Das bringt mir sowieso nix, weil ich nicht dran geglaubt habe!«
Die Großmutter schaute ein bißchen verdutzt. Aber sich groß Gedanken zu machen, war nicht ihre Sache. Und wenn sie sich gerade über verschüttete Suppe ärgern mußte, konnte sie nicht auch noch über rätselhafte Sätze nachdenken! So sagte sie bloß: »Geschieht dir recht!« Das war wohl ganz allgemein gemeint. Weil ungezogenen Fratzen kein Mitleid zusteht, ganz gleich, welchen Kummer sie auch haben.
Ich lief aus der Küche ins Zimmer rein, setzte mich auf mein Bett, schneuzte die Tränen weg und wartete auf meine große Schwester. Die kam zwar bald, aber zuerst einmal aß sie in der Küche Erbsensuppe. Und dann ging sie aufs Klo. Und dann half sie der Großmutter beim Geschirrspülen. Fast eine Stunde mußte ich warten, bis sie zu mir ins Zimmer kam.
»Hast geheult?« fragte sie. Sicher war meine Nase vom Tränenwegschneuzen ziemlich rot.
Ich fing gleich wieder zu weinen an und schluchzte ihr den ganzen Kummer vor. Und daß sie an allem schuld sei, schluchzte ich auch.
»Paß auf, du Dodel«, sagte meine große Schwester. »Jetzt beweise ich dir, daß ich die Wahrheit gesagt habe!«

Sie machte den Schrank auf, schob im mittleren Regal einen Stapel Wäsche weg, zog einen alten Schuhkarton heraus, nahm den Deckel vom Karton, kam damit zu mir, sagte: »Schau, was da drin ist!« und leerte den Schuhkarton aus. Da lagen nun ein Knäuel hellblaue Wolle, ein fertig gestrickter Ärmel und – auf zwei Nadeln – ein breiter, gestrickter Fleck auf meinem Brett. »Das wird ein Pullover! Den strickt die Mama für dich! Den kriegst zu Weihnachten!« Sie legte Wolle, Ärmel und Strickfleck in den Karton zurück, tat den Deckel drauf und versteckte den Karton hinter dem Wäschestapel. »Oder glaubst du vielleicht, jede Nacht kommt das Christkind und strickt im Kasten drinnen ein paar Reihen?«
Ich schüttelte den Kopf. Vielleicht nicht ganz so überzeugt, wie meine große Schwester es erwartete. Darum fügte sie grinsend hinzu: »Was meinst du, wieviele Kinder zu Weihnachten gestrickte Pullover kriegen? Da müßt dieses Christkind ja in tausend Kästen sitzen und stricken! Daß das nicht möglich ist, wirst sogar du kleiner Dödel verstehen!«
Ich verstand es und glaubte wieder meiner großen Schwester. Und ich sah überhaupt nicht ein, daß mich die anderen Kinder in der Klasse weiter für »plemplem« und »spinnert« halten sollten; wenn ich doch nichts als die Wahrheit gesagt hatte. Aber daß ein Christkind-Streit mit der Frau Lehrerin und der Frau Direktor nichts bringen würde, war mir klar! Wenn

Erwachsene lügen, geben sie es ja nie zu! Doch die Kinder, dachte ich mir, müßten zu überzeugen sein! Und weil die Evi in unserer Klasse als das klügste Kind galt und alle immer auf sie hörten, dachte ich mir weiter: Ich werde die Evi überzeugen, daß ich die Wahrheit gesagt habe und es kein Christkind gibt! Und wenn die mir einmal glaubt, bringt sie schon die anderen Kinder dazu, mir auch zu glauben!
So lud ich die Evi »zum Spielen« zu mir nach Hause ein, und weil ich einen riesigen Kaufmannsladen hatte, auf den die Evi ganz versessen war, kam sie.
Ich spielte nicht gern Einkaufen-Verkaufen, aber ich stand das langweilige Spiel tapfer durch, bis meine Mutter und meine Schwester zum Zahnarzt und die Großmutter auf einen Tratsch zur Nachbarin gingen.
Als ich endlich mit der Evi allein war, sagte ich: »Christkind gibt es wirklich keines!« Und bevor sich die Evi wieder mit einem Zeigefinger an die Stirn tippen konnte, erzählte ich ihr vom »Beweis«, den mir meine große Schwester gezeigt hatte, holte den Schuhkarton aus dem Schrank raus, hielt ihn der Evi unter die Nase und sagte ihr, daß tausend Kinder zu Weihnachten gestrickte Pullover bekommen, und dieses Christkind doch nicht in tausend Kästen sitzen und Pullover für Weihnachten stricken könne! Das, sagte ich, müsse die Evi doch einsehen!
Die Evi starrte lange auf die gestrickten Teile. Ich meinte schon, sie überzeugt zu haben, da sagte sie:

»Kann das Christkind doch! Weil es das Jesus-Kind ist, und das Jesus-Kind ist ein Teil vom lieben Gott, und der liebe Gott ist allmächtig und allgegenwärtig, der kann gleichzeitig in tausend Kästen Pullover stricken!« Und wenn ich jeden Sonntag in die Kindermesse gehen würde, sagte sie, würde ich das längst wissen! Dann tippte sie sich mit einem Zeigefinger an die Stirn und ging heim.

Ich war wieder verzweifelt! Meine Schwester zu fragen, ob die Evi recht hat, wäre sinnlos gewesen. Die glaubte nicht an den lieben Gott, und wer nicht an den lieben Gott glaubt, zerbricht sich auch nicht den Kopf darüber, ob er – falls es ihn gäbe – in tausend Kästen stricken würde!

Jeden Tag schlich ich nun heimlich zum Schrank, schob den Wäschestapel im mittleren Regal zur Seite, hob den Deckel der Schuhschachtel und schaute nach dem Strickfleck auf den zwei Nadeln.

Sooft ich auch nachschaute, er war kein bißchen gewachsen, da hatte niemand dran weitergestrickt; von dem Tag an nimmer, wo ihn mir meine Schwester als »Beweis« gezeigt hatte! Dazu kam noch, daß der Strickfleck ein sehr kompliziertes Muster hatte. Eines mit »zusammenstricken-Umschlag-abheben-Faden-hinter-die-Nadel«. Solche Muster gelangen meiner Mutter gar nie! Die konnte bloß »zwei-glatt-zwei-verkehrt-im-Wechsel«.

Nun war ich mir sicher: Das Christkind hatte da ge-

strickt! Und es hatte zu stricken aufgehört, weil ich aufgehört hatte, an es zu glauben!
Der hellblaue Pullover mit dem komplizierten Muster war mir ja egal! Pullover interessierten mich nicht sehr. Aber ich hatte mir für Weihnachten noch allerhand anderes gewünscht. Und wenn das Christkind so beleidigt war, daß es nicht einmal den angefangenen Pullover fertig strickte, würde es mir wohl auch keine Puppenküche und keinen Malkasten und kein Mensch-ärgere-dich-nicht-Spiel bringen. Und weiße Schlittschuhe schon gar nicht!
Ich mußte, beschloß ich, das Christkind versöhnen und es dazu bringen, nicht mehr bös auf mich zu sein! Aber wie soll man das tun, wenn man es nicht sieht, nicht hört, nicht einmal weiß, wo es gerade herumfliegt? Einzige Möglichkeit, die mir einfiel: Da war nur mit dem zu verhandeln, von dem es ein Teil ist! Ich ging also in die Kirche. Jeden Tag ein paarmal. Weil bis zum Heiligen Abend ja nicht mehr viel Zeit war.
In der Kirche gab es den lieben Gott dreimal. Einmal als Jesus-Kind in der Krippe, einmal in einer Nische, ans Kreuz genagelt, einmal über dem Altar, als ein goldenes Dreieck, mit einem Auge drin und Strahlen herum. Das Kind in der Krippe fand ich zu klein; das war noch im Baby-Alter, wo man höchstens Mama sagen kann. Den Mann am Kreuz wollte ich nicht belästigen; der hatte eigenen Kummer genug. So wendete ich mich jedesmal an das Dreiecks-Auge mit den Strahlen und

bat es, einzusehen, daß alles nur die Schuld meiner Schwester sei! Und daß es mir leid tue und daß die gesamte Heilige Dreieinigkeit dem Teil von ihr, der das Christkind ist, ausrichten möge, daß ich um Entschuldigung bitte und – als Buße – auf den hellblauen Pullover verzichte!

Ich hoffte jedesmal, das Auge werde mir irgendwie, vielleicht durch ein winziges Zwinkern, mitteilen, daß es mich verstanden habe. Aber da tat sich überhaupt nichts!

Drei Tage vor Weihnachten, als ich wieder mit dem Strahlen-Auge zu verhandeln versuchte, spürte ich eine Hand auf meiner Schulter. Der Pfarrer stand hinter mir. »Ja, Mäderl«, sagte er. »Früher warst nie da, und jetzt kommst jeden Tag gleich ein paarmal? Kann ich dir helfen?«

Den Pfarrer als Vermittler zu haben, fand ich nicht übel. Ich nickte, deutete zum Strahlen-Auge hoch und flüsterte: »Wenn's bitte ausrichten, daß ich nur ganz kurz nicht ans Christkind geglaubt hab, und daß das doch kein Grund ist, daß es jetzt noch immer beleidigt ist!«

Der Pfarrer schaute mich verdutzt an, dann fragte er: »Woher weißt denn, daß es beleidigt ist?«

»Weil's nimmer strickt!« antwortete ich.

Der Pfarrer schaute noch verdutzter. Aber nicht lange. Dann schaute er zum Strahlen-Auge hoch und faltete die Hände. Auch nicht sehr lange. Dann schaute er

wieder zu mir und sagte: »Ist eh nimmer beleidigt, laßt es ausrichten!«
Ich machte den kleinen Knicks, den mir die Großmutter als Gruß für vornehme Leute beigebracht hatte, und lief aus der Kirche.
Als ich am nächsten Tag hinter dem Wäschestapel nachsah, war der Strickfleck um zehn Zentimeter gewachsen!
Und am Heiligen Abend lagen unter dem Tannenbaum Schlittschuhe für mich und ein Mensch-ärgere-dich-nicht-Spiel und ein Malkasten und eine Puppenküche. Und ein hellblauer Pullover. Aber der hatte nur einen Ärmel. Und meine Mutter sagte zu mir: »Den anderen liefert das Christkind noch nach! Weiß auch nicht, warum es nicht fertig geworden ist! Vielleicht wegen diesem verflixten Muster?«
Ich nickte nur. Daß das Christkind mit dem Muster sicher keine Schwierigkeit gehabt und den Pullover nur deswegen nicht fertig gebracht hatte, weil es ja erst vor drei Tagen wieder zu stricken angefangen hatte, erklärte ich meiner Mutter nicht. In einer Familie, wo keiner an den lieben Gott glaubt, läßt man das besser sein.

Brief an Martina

Wenn Du bei mir zu Besuch bist, reißt Du meiner liebsten Puppe ein Bein aus, schmierst Schokolade auf meine schönen Bücher, sagst, daß bei Dir alles besser sei, steckst heimlich mein neues Matchboxauto ein, schneuzt Deinen Nasenrotz in meine Gardine, lachst meine Oma aus, weil die ein bißchen dick ist, und immer wenn ich es Dir nicht recht mache, sagst du: Ich geh heim!
Wenn ich bei Dir zu Besuch bin, darf ich Deine liebste Puppe nicht anfassen, bekomme ich ekligen Kakao mit Haut zu trinken, muß ich Dir meine schöne, neue Haarspange schenken, soll ich Dir unsere Rechenhausübung vorsagen, muß ich Deinen widerlichen kleinen Bruder herumtragen, die Schuld an der kaputten Fensterscheibe, die Du eingeschlagen hast, auf mich nehmen, und immer, wenn ich es Dir nicht recht mache, sagst Du: Geh heim!
Wenn ich Dich nicht so schrecklich lieb hätte, würde ich mit so einem hundsgemeinen Luder wie Dir nicht einmal eine Sekunde meines Lebens verbringen!

Hugos Hühner

Am Gründonnerstag – das ist der Tag vor Ostern, an dem fast alle Leute Spinat essen – ging Hugos Mutter zum Fleischer, um den Osterschinken zu bestellen. Neben der Fleischerei war ein Blumenladen, und in der Auslage vom Blumenladen lag ein Rasenziegel, umkränzt von Veilchen und Primeln und Schneeglöckchen. Und in der Mitte des Rasenziegels saßen sechs winzige, dottergelbe Küken. Hugos Mutter sagte zu sich: »Die sind aber sehr lieb!«
Am Karfreitag – das ist der Tag vor Ostern, an dem fast alle Leute kein Fleisch essen – ging Hugos Mutter zum Fleischer, um den Osterschinken abzuholen. Sie kam wieder am Blumenladen vorbei. Diesmal liefen die sechs winzigen, dottergelben Küken zwischen den Veilchen und den Primeln und den Schneeglöckchen herum. Hugos Mutter sagte zu sich: »Die sind aber ganz, ganz wunderlieb!«
Am Karsamstag – das ist der Tag vor Ostern, an dem fast alle Leute Eier färben – ging Hugos Mutter zum Friseur. Zufällig war die Dame, die neben Hugos Mutter zu sitzen kam, die Blumenhändlerin mit den sechs winzigen, dottergelben Küken in der Auslage.
Hugos Mutter sagte zur Blumenhändlerin: »Die Küken in Ihrer Auslage sind ganz, ganz ungeheuer wunderlieb!«

Unter der Trockenhaube dann schlief Hugos Mutter – weil sie vom großen Osterputz sehr müde war – ein. Und da hatte sie einen Traum. Im Traum sah sie ihr Wohnzimmer: Auf dem Hirtenteppich, vor der Sitzbank lagen die Ostergeschenke für ihren Hugo. Die Schokoeier, die Marzipanhasen, die Bausteine, die Unterhemden und die Bilderbücher. Alles, was Hugos Mutter in den letzten Wochen für ihren Hugo zusammengetragen hatte. Und dazwischen liefen die sechs winzigen, dottergelben Küken herum. Und dann sah Hugos Mutter – im Traum – Hugos Augen. Hugos Augen waren so groß wie Wagenräder vor Staunen, und alles Glück der Welt lag in ihnen.

Als das Lehrmädchen die Trockenhaube abstellte, wachte Hugos Mutter auf. Sie erzählte dem Lehrmädchen und der Blumenfrau von ihrem Traum, und da sagte die Blumenfrau:

»Das muß kein Traum bleiben. Ich borge Ihnen die Küken über Ostern.«
»Das würden Sie für meinen Hugo tun?« rief Hugos Mutter begeistert.
»Aber natürlich«, sagte die Blumenfrau. »Wir sperren den Laden um fünfzehn Uhr. Gleich nachher bringe ich Ihnen die Küken!«
Hugos Mutter erklärte der Blumenfrau genau, in welchem Haus, hinter welcher Tür sie wohne, dann ging sie nach Hause und summte dabei glücklich vor sich hin, vor Freude über die Freude, die ihr Hugo bald haben würde.
Am Nachmittag ging Hugos Vater mit Hugo spazieren. »Daß ihr ja nicht vor fünfzehn Uhr zurückkommt!« sagte Hugos Mutter geheimnisvoll.
Als Hugo und sein Vater vom Osterspaziergang zurückkamen, war alles genauso wie im Traum von Hugos Mutter: Der Teppich, die Sitzbank, die Geschenke, die Küken und Hugos Augen. (Nur Hugos Vater schaute entsetzt. Doch vor lauter Glück über das Glück in Hugos Augen fiel das Hugos Mutter nicht auf.)
Es wurde ein Ostern wie noch nie!
Hugo spielte mit den Küken. Er sagte nicht, wie früher oft: »Mir ist so langweilig!« Er aß, was sonst selten vorkam, seinen Teller schnell leer, damit er wieder zu seinen Küken laufen konnte, und er freute sich, was niemand für möglich gehalten hätte, sogar auf die Schule.

»Die werden alle staunen«, sagte er, »wenn ich ihnen von meinen lebendigen Küken erzähle!«
Am Dienstag nach Ostern ging Hugos Mutter zum Blumenladen. Sie wollte die Blumenfrau fragen, ob Hugo die Küken nicht noch ein paar Tage behalten dürfe, weil er sie so liebgewonnen habe.
Der Blumenladen war geschlossen. Die Blumenfrau wird den Osterurlaub verlängert haben, dachte Hugos Mutter und freute sich.
Sie kaufte in der Tierhandlung eine Tüte Kükenfutter und lief nach Hause. Wie sie zur Wohnungstür kam, hörte sie drinnen in der Wohnung Hugos Vater schimpfen und Hugo weinen.
Hugos Mutter machte die Wohnungstür auf und sah ihren Hugo. Er hielt ein Paket in der Hand. Darauf stand: Siam-Patna-Reis-IA-Qualität. Der Vorzimmerboden war voll Reis. Die Küken pickten Reis, und Hugos Vater rief: »Jetzt schau dir die Schweinerei an!«
Und Hugo schluchzte: »Mama, ich habe doch nur Magd auf dem Bauernhof gespielt!«
»So hör doch zu schimpfen auf«, flüsterte Hugos Mutter Hugos Vater zu. »Unser Hugo ist doch so glücklich mit den Wusi-Henderln!«
Hugos Vater hörte zu schimpfen

auf. Er sagte kein Wort, als seine gute Hose, die er über einen Stuhl gelegt hatte, voll Kükendreck war. Er sagte kein Wort, als die Nachbarin kam und schnüffelte und fragte, was denn da so stinke. Doch als er in der nächsten Nacht zehnmal munter wurde, weil sich die Küken sein Bett und seinen Bauch als Schlafplatz ausgesucht hatten, da wurde es ihm zu bunt.

Am nächsten Morgen sagte Hugos Vater: »Ich habe die Grippe!« Er blieb im Bett, bis Hugo zur Schule und Hugos Mutter einkaufen gegangen war. Dann sprang er aus dem Bett, zog sich an, sammelte die Küken in eine Schachtel und trug sie zum Blumenladen.

Der Blumenladen war noch immer geschlossen. Am Rollbalken hing ein weißer Zettel mit schwarzem Rand, auf dem stand, daß die Blumenfrau zu Ostern bei einem Verkehrsunfall ums Leben gekommen war.

Hugos Vater stellte die Schachtel mit den Küken vor den Rollbalken. Es war ein kalter Tag. Die Küken piepten und drängten sich verschreckt in einer Schachtelecke zusammen.

Hugos Vater wollte schnell weggehen, aber da kam eine alte Frau. Die schaute zuerst auf die Kükenschachtel, dann auf Hugos Vater und sagte: »He, Mann, die Küken erfrieren hier doch!«

»Die Küken gehören der Blumenfrau!« sagte Hugos Vater.

»Die Blumenfrau ist tot!« sagte die alte Frau und zeigte auf den weißen Zettel mit dem schwarzen Rand.

Und dann schaute sie Hugos Vater so sonderbar an, daß er die Kükenschachtel wieder nahm und wegging. Bis zur Straßenbahn-Haltestelle ging Hugos Vater mit der Kükenschachtel. Dort drehte er sich um und schaute zurück. Die alte Frau stand noch immer beim Blumenladen. Hugos Vater dachte: Die ist sicher kurzsichtig, die kann mich nicht mehr sehen!
Bei der Straßenbahn-Haltestelle war nur ein kleines Mädchen, das guckte in den Himmel und bohrte dabei in der Nase. Hugos Vater dachte: Die schaut in den Himmel, die bemerkt sicher nichts!
Er stellte die Kükenschachtel neben der Haltestellentafel und ging langsam weiter. Er hatte kaum fünf Schritte gemacht, da rief das nasebohrende Mädchen: »Hallo, bitte ... « Er machte noch drei schnelle, große Schritte, dann hatte ihn das Mädchen eingeholt. Es bohrte nicht mehr in der Nase, sondern machte einen Knicks und hielt ihm die Kükenschachtel entgegen.
Da gab Hugos Vater auf. »Danke, mein liebes Mädchen«, sagte er seufzend und trug die Schachtel nach Hause. Als Hugos Mutter vom Einkaufen nach Hause kam, liefen die Küken wieder fröhlich auf dem Teppich herum. Hugos Vater lag im Bett. Er sah blaß und traurig aus. Hugos Mutter wunderte sich nicht darüber. Grippekranke Leute schauen oft blaß und traurig aus.
Die ganze nächste Woche über war Frieden in Hugos Familie. Hugo ging in die Schule, kam nach Hause und

spielte mit den Küken. Hugos Mutter freute sich, weil Hugo so zufrieden war. Und Hugos Vater machte jeden Tag vier Überstunden und kam erst spät am Abend nach Hause. Da schliefen die Küken längst.
Krach gab es erst am Sonntag beim Mittagessen. Eine große Schüssel Hühnerreis – aus dänischen, gefrorenen Hühnerbrüsten – stand auf dem Tisch. Die Küken saßen rund um die Hühnerreis-Schüssel und wärmten sich am Schüsselrand. Hugos Vater erzählte Hugos Mutter vom Büro und von seiner Arbeit. Hugos Mutter erzählte Hugos Vater von ihrer Freundin Lore und vom letzten Kaffeetratsch. Und Hugo klaubte die Erbsen aus seinem Hühnerreis. Weil er Erbsen nicht ausstehen konnte. Er legte die Erbsen auf das Tischtuch. In Zweierreihen. Wie Schulkinder, die einen Ausflug machen. Und eine Erbse legte er neben die Zweierreihe. Die war ein bißchen größer als die anderen, und die war der Lehrer. Wie nun die Küken die Erbsen sahen, wuselten sie aufgeregt vom Schüsselrand weg und zu den Erbsen hin, über den Teller von Hugos Vater drüber, mitten durch seinen Hühnerreis. Und dann stritten sie sich um die Erbsen. Pickten Erbsen und peckten aufeinander los. Sie stießen und drängten, gelber Kükenflaum flog herum, und Hugos Limonadenglas kippte um.
Die Limonade floß über den Tisch und tropfte auf die Hose von Hugos Vater, und der sprang auf und brüllte: »Jetzt ist aber Schluß!«

»So sei doch nicht so böse!« sagte Hugos Mutter.
»Ich bin noch viel böser«, rief Hugos Vater. »Von Tag zu Tag werden die Viecher größer und lästiger!«
Hugos Vater beutelte Limonadentropfen von seiner Hose und zeigte dabei auf die Hosenbeine, auf viele kleine, grau-weiße Tupfen, die eingetrockneter Hühnerdreck waren. »Soll ich denn im Hühnerdreck verkommen?« brüllte er.
»Du brauchst nicht im Hühnerdreck zu verkommen«, sagte Hugos Mutter. »Den putze ich schon weg.« Und dann sagte sie noch: »Ich putze nämlich hier allen Dreck! Deinen auch!«
Aber Hugos Vater war nun schon ganz wütend und brüllte: »Aber ich scheiße weder meine Hosen noch den Teppich voll.«
So einen schrecklich ordinären Satz hatte Hugos Mutter überhaupt noch nicht gehört. Sie wurde ganz weiß im Gesicht. Weiß wie ein altes Leintuch. Und Hugo begann vor Schreck zu zittern. Er zitterte am ganzen Körper. Er zitterte wie noch nie im Leben. (Nicht einmal in der Geisterbahn, als ihm das Gerippe mit fünf Knochenfingern übers Gesicht gefahren war, hatte er so gezittert.)
Hugos leintuchweiße Mutter nahm ihren Hugo in die Arme und flüsterte: »Hugo, mein Hugo, hör doch zu zittern auf. Ich verspreche dir, du darfst deine geliebten Pip-Hendi behalten. Ich werde das schon machen, mein allerliebster Hugo!«

Da zog sich Hugos Vater eine andere Hose an. Eine, die nur einen einzigen weiß-grauen Tupfer hatte, und ging in die Wirtschaft an der Ecke, ein großes Bier trinken.
Als Hugos Vater mitten in der Nacht heimkam, saß Hugos Mutter im Bett und war gar nicht mehr leintuchweiß. »Lieber Mann«, sagte sie zu Hugos Vater, »du hast heute unserem Hugo das ganze Glück aus den Augen gestohlen. Das darf nicht wieder vorkommen!« Sie zeigte zum Kinderzimmer hin. »Der Arme zittert noch im Schlaf!«
Und dann erklärte Hugos Mutter Hugos Vater, daß sie eine Lösung für das Problem habe. Sie sagte: »In zwei Monaten bekommen wir das Geld von unserem Bausparvertrag. Dann können wir dem alten Onkel Egon den Schrebergarten abkaufen. Dort gibt es einen Hühnerstall! Dorthin geben wir dann die Küken. Da stören sie dich nicht mehr. Und Hugo kann weiter glücklich sein!«
So redete Hugos Mutter über eine Stunde auf Hugos Vater ein und streichelte ihn dabei auch zärtlich. Und endlich seufzte Hugos Vater und murmelte: »Na schön! Kaufen wir den verdammten Garten!« Und dann schlief er gleich ein.
Von dieser Nacht an schluckte Hugos Vater jeden Morgen vier Beruhigungspillen und wartete, daß die Zeit verging und das Geld für den Garten kommen würde.

Die Küken waren jetzt keine flaumigen Bällchen mehr, sondern rebhuhngroße, zerzauste Junghühner. Sie piepsten nicht mehr, sondern krächzten merkwürdig und laut. Außerdem konnten sie einen Meter hoch und zwei Meter weit fliegen, und Dreck machten sie wie richtige Hühner.

Ein einziges Mal noch tat Hugos Vater etwas gegen die Hühner: Eines Morgens kam er ins Badezimmer, da hockten sie zu sechst in der Badewanne und ließen sich weder durch gute noch durch böse Worte vertreiben, und da bekam Hugos Vater eine Riesenwut und drehte die kalte Brause auf, und die Hühner kreischten entsetzt los und flatterten klatschnaß aus der Wanne und aus dem Badezimmer.

Hugos Mutter wickelte sofort jedes Huhn in ein vorgewärmtes Handtuch und legte sie auf die Sitzbank zum Trocknen und sprach zärtlich und leise auf die Handtuchrollen ein. Zu Hugos Vater sagte sie nur: »Gottlob, daß Hugo noch schläft. Wenn er das gesehen hätte, wäre er krank geworden vor Kummer!«

Hugo – das muß gesagt werden – hatte die Hühner, seit sie so groß und fett waren, gar nicht mehr lieb. Sie gingen ihm sogar unheimlich auf die Nerven. Sie hockten auf seinem Tisch und verdreckten sein Lesebuch. Sie peckten Löcher in seinen Lieblingsteddy, zupften ihm die Holzwolle aus dem Bauch. Sie zerscharrten Hugos halbgelegtes Puzzle und weckten ihn oft schon gakkernd und kreischend eine Stunde, bevor sein Wecker klingelte. Doch Hugo konnte seiner Mutter nicht sagen, daß er die Hühner nicht mehr lieb hatte. Es ist nicht einfach zu erklären. Ungefähr war es so: Hugo wußte, daß ihn seine Mama für einen Hugo hielt, der Hühner enorm liebte. Und da glaubte er, daß seine Mama nur einen Hugo, der Hühner liebte, gern haben konnte. Von einem Hugo, der Hühner nicht ausstehen konnte, dachte er, wäre seine Mama bitter enttäuscht. Einen solchen Hugo, meinte er, könne seine Mama nicht liebhaben. Und er wollte natürlich, daß ihn seine Mama liebhatte. Also tat er weiter so, als ob er die verdammten Hühner sehr, sehr lieb hätte.
Es war wirklich nicht einfach für ihn! Hugos Mutter hatte natürlich davon keine Ahnung. Sie versorgte die Hühner, putzte – so gut es ging – ihren Dreck und tätschelte täglich dreimal Hugos Wangen und versprach ihm, die lieben Wusi-Hendi ewig zu erhalten. Die Hühner hockten zufrieden dabei, und zwei gackerten so sonderbar, daß Hugos Mutter sagte: »Hugo, ich denke, du bekommst zwei wunderbare Hähne!«

Hugos Vater ging dieser Satz mitten durch den Bauch! Hugos Vater schnitt dieser Satz ins Herz! Zwei Hähne! Zwei Hähne, die jeden Morgen »Kikeriki« riefen! Hugos Vater begann von zwei Hähnen zu träumen. Ihm wurde übel, wenn er ein Foto von einem Hahn sah. Er bekam Durchfall, wenn er an einer Wirtschaft ein Schild mit der Aufschrift *Brathähnchen* las.

Man kann ruhig sagen: Seine Angst vor den zwei Hähnen war noch größer als sein Ärger mit den sechs Hühnern. Hugos Vater hatte bloß eine Hoffnung: das Geld vom Bausparvertrag, den Garten vom Onkel Egon und den Hühnerstall. (Und im übrigen hatte er keine Ahnung, daß sein Sohn dieselbe Hoffnung hatte.)

Leider starb eine Woche, bevor die Sparkasse das Bausparvertragsgeld an Hugos Vater auszahlen sollte, der alte Onkel Egon. Und den Schrebergarten erbte der Cousin Albert. Der wollte den Schrebergarten nicht verkaufen. Der wollte den Hühnerstall abreißen, ein Haus bauen und Erdbeeren pflanzen.
Hugos Vater war verzweifelt. Er rannte in der ganzen Stadt herum und fragte jeden, den er kannte, und viele, die er nicht kannte, ob sie einen Schrebergarten mit Hühnerstall zu verkaufen hätten. Einige Leute hatten wirklich Schrebergärten zu verkaufen – sogar mit Hühnerstall –, aber sie verlangten unheimlich viel Geld. Viel mehr Geld, als Hugos Vater zu erwarten hatte.
»Wir können uns keinen Schrebergarten mit Hühnerstall leisten«, sagte Hugos Vater total erschöpft, als er eines Abends vom Schrebergarten-Suchen heimkam.
Hugo, der gerade vorm Fernseher saß und die Gute-Nacht-Geschichte anschaute, fuhr hoch und rief: »Nein!« Ganz entsetzt rief er. Und hinterher murmelte er noch dreimal tief erschüttert: »Nein, nein, nein!« (Er hatte sich schon so sehr auf den Schrebergarten und die hühnerfreie Wohnung gefreut.)
Hugos Mutter, die auch der Gute-Nacht-Geschichte zugesehen hatte, legte Hugos »Nein!« falsch aus. »Keine Angst, mein Hugolein«, sagte sie. »Wir werden es auch ohne Garten schaffen. Deine Hühner kannst du behalten!«

Hugos Vater war vom Schrebergarten-Suchen schon so erschöpft, daß er überhaupt nichts dagegen sagte. Er legte sich ohne Nachtmahl ins Bett, schlief ein und träumte einen von den Schrecklich-bösen-Hähnen-Träumen. Den, wo ihm zwei blutrote Hähne Maiskörner aus dem Nabel herauspickten und er ganz entsetzt war, daß so viele Maiskörner in seinem Nabel Platz hatten.

Eines Tages war Hugo allein zu Hause. Hugos Vater war im Büro, Hugos Mutter beim Friseur. Hugo

wollte seine Rechenaufgabe machen. Sein Rechenheft hatte er schon auf dem Tisch liegen. Da mußte er dringend aufs Klo. Und als er vom Klo zurückkam, hockten die zwei fettesten Hühnerviecher auf seinem Tisch und stritten um sein Rechenheft. Jedes hatte ein Heftblatt im Schnabel und zerrte und riß und scharrte dabei.
Hugo sagte sich, daß es so nun wirklich nicht länger weitergehen könne! Er dachte sehr lange nach. Und da fiel ihm ein, daß er die Hühner heimlich wegbringen könnte. Daß seine Mama ganz sicher nie im Leben auf den Gedanken kommen würde, ihr Hugo habe das getan. Ganz sicher würde sie glauben, Hugos Papa habe es getan. Mein Papa, dachte Hugo, ist groß und stark. Der hält es leicht aus, wenn ihn die Mama nicht mehr lieb hat!
Hugo holte den großen Wanderrucksack aus der Abstellkammer, und dann holte er ein Huhn von der Stehlampe herunter, eins zog er aus seinem Bett heraus, eins unter der Spüle hervor, und eins nahm er vom Bücherregal. Mehr als vier Hühner gingen in den Wanderrucksack leider nicht hinein.
Hugo nahm den Rucksack auf den Rücken und verließ das Haus. Er marschierte bis zur Schrebergartensiedlung *Birnenglück*, ging den Hauptweg hinunter, bog in einen Nebenweg ein, nahm den Rucksack vom Rücken und öffnete ihn.
Die Hühner flatterten heraus, kreischten wütend und liefen weg.

6 x 4 = 26
5 x 3 =
2000 - 1 =
88 - 4 = 83

Hugo seufzte erleichtert, nahm den leeren Rucksack, lief den Nebenweg zurück, bog in den Hauptweg ein, schaute sich beim Einbiegen um und sah, daß seine Hühner in einen Garten gekrochen waren, und in dem Garten waren Hühnerställe, und seine Hühner wurden gerade von einem Dutzend anderer Hühner begrüßt.
Obwohl Hugo die Hühner gar nicht mehr liebhatte, freute er sich doch, daß sie es so gut getroffen hatten.

Als Hugo nach Hause kam, waren Hugos Mutter und Hugos Vater schon zu Hause. Hugos Mutter kroch auf allen vieren durch die Wohnung und klagte dabei: »Wusi-wusi-Pipi-Hendi, wo seid ihr?«
Und Hugos Vater saß auf der Sitzbank und hielt beschwörend die rechte Hand auf die Brust gedrückt und rief: »Ich schwöre, ich habe ihnen nichts getan, ich schwöre, ich bin unschuldig!«
Hugo stellte den Rucksack in die Abstellkammer, dann ging er ins Wohnzimmer. »Mama, was ist denn geschehen?« fragte er. Hugos Mama erhob sich, nahm ihren Hugo fest in die Arme und sagte: »Hugo, es sind nur mehr zwei Pipi-Hendi da!«
Hugo versuchte, ein sehr trauriges Gesicht zu machen. Um seine Mama nicht zu enttäuschen. Um seiner Mama geliebter Hugo zu bleiben. Er schluchzte unheimlich echt: »Wo sind denn meine lieben Henderln?«
»Ein schlechter Mensch hat sie weggetragen«, sagte Hugos Mutter und schaute Hugos Vater dabei bitterböse an. »Einer, dem saubere Hosen wichtiger sind als deine glücklichen Augen!«
Und bevor Hugos Vater noch irgend etwas sagen konnte, nahm Hugos Mutter die letzten zwei Hühner von der Hutablage, klemmte sie unter die Arme und rief: »Komm, Hugo, wir übersiedeln zur Oma! Dort sind wir alle in Sicherheit!« Und dann fügte sie noch hinzu: »Und gleich morgen kaufe ich dir vier neue Pipis, damit du wieder fröhliche Augen bekommst!«

Hugo zögerte.
»Na, komm schon, Hugo«, rief Hugos Mutter.
Hugo wollte nicht kommen. Hugo wollte nicht zur Oma. Hugo wollte mit seinem Papa Lego spielen. Hugo wollte – um Himmels willen – nicht vier neue Hühner haben! Und sein Papa saß so traurig auf der Sitzbank. Er war zwar groß und stark, aber er schien es doch nicht so gut auszuhalten, daß ihn die Mama nicht mehr liebhatte. So sagte Hugo also: »Die vier Hühner habe ich weggetragen! Im Rucksack! Sie sind mir auf die Nerven gegangen! Es tut mir leid, aber ich mag keine Hühner!«
Zum Nachtmahl gab es zwei gebratene Hühner und Pommes frites dazu, und Hugos Mutter sagte, daß frisches Hühnerfleisch eben doch viel besser schmeckt als tiefgefrorenes. Und dann ging Hugos Mutter in die Küche und buk für Hugo ein Himbeer-Soufflé, weil Hugo schrecklich gern Himbeer-Soufflé aß und Himbeer-Soufflé schrecklich viel Arbeit macht. Damit Hugo merkte, daß sie auch einen Hugo, der Hühner nicht leiden mochte, sehr gern hatte.
Hugo half seiner Mama beim Souffléback en. Er reichte ihr ein Ei nach dem anderen, damit die Mama die Eier aufschlagen und mit dem Quirl schaumig rühren konnte. Dann war nur noch ein winzig kleines Ei auf dem Küchentisch. »Das auch noch?« fragte Hugo.
»Nein, das nicht!« sagte Hugos Mutter. Das winzig kleine Ei hatte sie nämlich im Bauch eines der Nacht-

mahlhühner gefunden, als sie die Hühner ausgenommen hatte.
Hugos Mutter legte den Quirl weg, nahm das winzig kleine Ei in die Hand und streichelte es. Einen Augenblick lang schaute sie traurig drein, fast so, als ob sie weinen wollte. Doch dann lachte sie und legte das winzig kleine Ei in die Brotdose und sagte: »Das Ei hebe ich mir ewig auf, Hugo. Das Ei soll mich immer daran erinnern, daß jeder Hugo selber am besten weiß, was er gern hat.«
Da freute sich der Hugo sehr. Und sooft er jetzt ein Stück Brot aus der Brotdose holt, schaut er nach, ob das winzig kleine Ei noch da ist. Und das Ei ist noch da.

Einer

Es war einmal einer, der hatte niemanden und nichts. Der hatte keinen Vater und keine Mutter und keinen Bruder und keine Schwester und keinen Freund und keine Frau. Der hatte kein Haus und kein Bett und keinen Tisch und keinen Geldbeutel und kein Buch und keinen Regenschirm. Der hatte nicht einmal einen Namen. Wenn die Leute von ihm sprachen, sagten sie: »Da kommt einer!« oder »Da will einer ein Stück Brot«, oder »Da friert einer im Regen«, oder »Da schläft einer am hellichten Tag auf der Wiese«, oder »Da hat einer Eier gestohlen«, oder »Da geht einer vorbei.« Wenn ihn jemand nach seinem Namen fragte, was nur selten geschah, sagte er: »Ach, ich bin so einer.«
Und dort, wo er öfter hinkam, grüßten ihn die Kinder auf der Straße: »Guten Tag, Herr Einer!«
Und sie liefen hinter ihm her und baten: »Herr Einer, schenk uns was!«
Da suchte Einer in den Taschen seiner verbeulten Hose und seines zerrissenen Rockes, kehrte die Taschen um und zeigte den Kindern, daß sie leer waren.
Doch wenn die Kinder weiter baten, schaute sich Einer um und fand immer etwas, was er ihnen schenken konnte:

eine schillernde, getupfte Vogelfeder,
die an einem Zweig hing,

einen glatten, glänzenden Stein,
der am staubigen Weg lag,
ein Stück von einer Wurzel,
die aussah wie ein alter Mann,

eine Glasscherbe,
die in allen Regenbogenfarben strahlte,
eine blau-weiß gesprenkelte Eierschale,
die aus einem Nest gefallen war,
einen golden schimmernden Messingknopf,
der an einer Hausmauer lag,
einen Knochen,
den die Sonne schneeweiß gebleicht hatte,
oder eine wunderbare Distelblüte.

Die Kinder freuten sich immer, wenn Einer kam. Die Erwachsenen freuten sich nicht; sie hatten um ihre Eier Angst.
Einer liebte die heiße Sohne und den blauen Himmel und das duftende Gras und die blühenden Bäume. Er wanderte immer dorthin, wo gerade Sommer war. Am liebsten war Einer weit unten im Süden, am Meer, weil dort die Sommer sehr lang und sehr warm sind, und die Winter, wenn man Glück hat, ohne viel Regen und Schnee. Den Winter mochte Einer nicht. Wer kein Haus und kein Bett und keinen Ofen hat, der findet den weißen, glitzernden Schnee nicht schön.
Und wer keinen Vater und keinen Freund und keine Frau hat, der friert und zittert im Regen.
Einer kam in viele Länder. Er gab den Ländern Namen. Dobar-dan-Land nannte er das Land, wo ihn die Kinder mit »Dobar dan« begrüßten. Und wenn die Kinder, denen er begegnete, »Kali mera« riefen, wuß-

te er. Jetzt habe ich die Grenze zum Land der Kali-mera-Leute überschritten. Für Einer gab es auch ein Bonjour-Land und ein Buenos-dias-Land.
Natürlich wußte Einer, weil er ja nicht dumm war, daß andere Leute seine Länder Jugoslawien und Griechenland und Frankreich und Spanien nannten. Aber er fand die Namen, die er selber erfunden hatte, viel schöner. Und da er keiner war, der sich an das hielt, was die anderen meinten, blieb er bei seinen eigenen Ländernamen.
Einmal, als es im Süden wieder sehr heiß war und das Gras von der Sonne braungedörrt, da dachte Einer: Jetzt wird es im Land der Guten-Tag-Leute langsam warm.
Er machte sich auf die Wanderschaft. Er ging viele Tage, und wenn ihm jemand entgegenkam, grüßte er: »Kali mera« und später »Dobar dan« und freute sich, daß es bald »Guten Tag« heißen würde.
Im Land der Guten-Tag-Leute ließ der Sommer dieses Jahr lange auf sich warten. Bis tief in das Frühjahr hinein hatte es geschneit und geregnet. Die Kirschen hätten längst reif sein müssen, aber sie hingen noch klein und grün an den Bäumen. Der Erdboden war auch noch sehr kalt, und in den Seen konnte man noch nicht baden.
Besonders kalt war es in den Bergen, über die Einer wandern mußte. So gefroren hatte Einer überhaupt noch nie! Als er von den Bergen herab in das Land der

Guten-Tag-Leute kam, war seine Nase rot, seine Augen schmerzten, und seine Zähne klapperten. Seine Beine waren zittrig, und auf seiner Brust drückte es arg.

Einer ging weiter, solange ihn die zittrigen Beine trugen; aber das war nicht weit. Er fand einen Heustadl und kroch ins Heu. Bevor er einschlief, dachte er: Morgen früh wird es mir bestimmt bessergehen.

Es ging ihm aber nicht besser. Einer hatte eine Lungenentzündung. Das wußte er aber nicht, weil ja kein Arzt da war, der es ihm gesagt hätte. Jedenfalls konnte Einer nicht aufstehen, und der Schweiß tropfte ihm von der Nase, und das Heu klebte an seinem nassen Körper. Obwohl seine Haut ganz heiß war, fror er fürchterlich.

So fand ihn ein junger Dicker. Der junge Dicke kam zum Übernachten in den Heustadl. Er legte sich ins Heu, rollte seine Jacke zu einem Kopfpolster zusammen, legte den Kopf darauf und wollte einschlafen. Da hörte er Einer stöhnen. Zuerst erschrak der junge Dicke sehr. Er glaubte nämlich ein bißchen an Gespenster, und Einers Stöhnen hörte sich wirklich fürchterlich an. Der junge Dicke zitterte vor Angst. Doch dann hustete Einer. Von Gespenstern, die husten, hatte der junge Dicke noch nie etwas gehört. So wurde er wieder mutig. Er knipste die Taschenlampe an und durchsuchte das Heu und entdeckte Einer. Der junge Dicke fühlte Einer den Puls, und was er da zu-

sammenzählte, gefiel ihm nicht. Er beschloß, Einer in das nächste Dorf zu bringen und ihn dort beim Arzt abzuliefern. So lud er sich Einer auf die Schultern.
Das war nicht einfach, denn der junge Dicke war ziemlich klein, und Einer war ziemlich groß. Und der junge Dicke war sowieso schon sehr müde. Unter der ungewohnten Last wurde er natürlich noch viel müder. Er hatte noch nicht einmal die Hälfte des Wegs geschafft, da konnte er schon nicht mehr weiter. »Was soll ich nur machen?« jammerte er.
Da bemerkte er, ein paar Meter vom Straßenrand entfernt, ein kleines Haus mit erleuchteten Fenstern. Der junge Dicke schleppte Einer zu dem Haus und legte

ihn vor die Tür. Dann klopfte er ein paarmal. Als er im Haus Schritte hörte, lief er davon.
In dem Haus wohnte eine junge, kugelrunde Frau. Sie wohnte ganz allein. Als sie das Klopfen hörte, ging sie aufmachen. Zuerst sah sie niemanden, denn sie schaute geradeaus und nicht auf den Boden. Sie wollte die Tür schon wieder zumachen, da entdeckte sie Einer.
Die kugelrunde Frau war eine gute und gescheite Frau. Sie wußte sofort, daß Einer Hilfe nötig hatte. Und Gott sei Dank war die kugelrunde Frau auch eine sehr starke Frau! Sie trug Einer in ihr Haus und legte ihn in ihr breites, weiches Bett und zog ihn aus.
Und dann kam die kugelrunde Frau etliche Nächte nicht zum Schlafen und etliche Tage nicht zu ihrer ge-

wohnten Arbeit. Sie machte Einer Brustwickel und packte ihm die Füße in Essigpatschen. Sie rieb ihm die Brust mit heißem Anisöl ein und bestrich ihm den Bauch mit Senfmehlsoße. Sie schob ihm alle zehn Minuten einen Löffel voll Käsepappeltee in den Mund. Sie trocknete ihm die schweißnasse Stirn und machte ihm lauwarme Halsumschläge.
Nach neun Tagen und neun Nächten hatte es die kugelrunde Frau geschafft. Einers Haut war nicht mehr heiß, und sein Atem ging ruhig. Nur schwach, sehr schwach war Einer noch.
Die kugelrunde Frau sagte zu Einer: »Bleib bei mir, bis du wieder ganz stark bist. Du mußt viel essen und lange schlafen, dann wirst du wieder stark.«
Einer war das recht. Seine Beine zitterten noch beim Gehen, und außerdem mochte er die kugelrunde Frau. Sie roch so gut, und ihre Haut war so glatt und warm. Einer fand auch die Haare der kugelrunden Frau sehr schön. Und ihre Nase. Und ihre Augen. Und ihren Mund. Wenn die kugelrunde Frau in ihrem geblümten Kleid mit der weißen Schürze vor dem Bauch vorm Herd stand und Kaffee kochte oder Krapfen buk, tat Einer nichts anderes, als ihr zuzusehen. So sehr gefiel ihm die kugelrunde Frau.
Viel besser gefiel ihm die kugelrunde Frau noch, wenn sie nackt war. Am Abend, wenn sie das Haus versorgt hatte, zog sie sich aus und kroch zu Einer in das breite, weiche Bett. Dann legte Einer seine Hände auf die

warme, glatte Haut der Frau. Zuerst wurden Einers Fingerspitzen davon warm, und plötzlich war Einer voll von der Wärme der kugelrunden Frau. Diese Nächte waren für Einer noch schöner, als wenn er am Meer lag und ihm die Sonne auf den Rücken brannte.

Einer blieb den ganzen Sommer über bei der kugelrunden Frau, obwohl er schon längst wieder sehr stark war. Die kugelrunde Frau hatte neben ihrem Haus eine Weinlaube. Eines Tages bemerkte Einer, daß die Weintrauben auf der Laube reif waren. Da wurde er unruhig.

Als eine Woche später die Blätter vom Birnbaum gelb

und rot waren, wurde er noch unruhiger. Und als auf den Telegrafendrähten keine einzige Schwalbe mehr saß, wurde er noch viel, viel unruhiger. In der Nacht konnte er nicht schlafen und drehte sich fortwährend im Bett um. Davon wurde die kugelrunde Frau wach, weil er ja dauernd an sie stieß. »Was hast du?« fragte sie.

Einer sagte: »Ich bin vom vielen Essen und Trinken und Schlafen schon so stark. Stärker kann ich gar nicht mehr werden.«

Die kugelrunde Frau gab keine Antwort. Sie begriff, daß Einer weggehen wollte. Die Frau lag noch lange wach neben Einer. Aber schließlich schlief sie doch ein. Einer schlief nicht ein. Er lag ganz still, weil er die kugelrunde Frau nicht mehr wecken wollte. Er dachte an das Meer und an die Olivenbäume. Er dachte an die großen Schiffe und an die kleinen Wolken. Obwohl seine Hand auf der Haut der kugelrunden Frau lag und die Haut genauso glatt und warm war wie sonst auch, spürte Einer die Wärme nicht – so sehr sehnte er sich nach dem blauen Himmel und der heißen Sonne.

Als die kugelrunde Frau am nächsten Morgen aufwachte, lag sie allein im Bett. Sie dachte gleich, daß Einer in den Süden gewandert war. Trotzdem suchte sie nach ihm: in der Weinlaube, im Keller, auf dem Dachboden, im Garten und im Wald hinter dem Haus. Weil die kugelrunde Frau Einer nirgends fand, ging sie wieder ins Haus und legte sich ins Bett und weinte.

Einer wanderte in den Süden. Er schaute nicht nach rechts und nicht nach links. Er nahm sich keine Zeit, die Fische in den Bächen zu beobachten. Er nahm sich keine Zeit, den Hasen auf den Feldern zuzuschauen. Er hielt sich auch nicht lange auf, in den Heustadln nach Eiern zu suchen. Er lief, als ob jemand hinter ihm her wäre. Bei gutem Wetter gelangte er über die Berge. Als er die Berge hinter sich hatte, seufzte er erleichtert auf und wanderte langsam weiter.

Nun kam es ihm nicht mehr so vor, als ob jemand hinter ihm her wäre.

Einmal, als er am Meer lag und schlief, träumte er von der kugelrunden Frau. Er träumte, daß er mit ihr am Meer saß, und seine Hand lag auf ihrer Haut. Die Haut der kugelrunden Frau war wundervoll glatt und warm, und die Sonne schien heiß vom Himmel. Das war ein herrlicher Traum! Einer lächelte, während er schlief und träumte. Doch als er aufwachte, konnte er sich an den Traum nicht mehr erinnern.

Einer wanderte durch viele Länder, und immer schien die Sonne. Er kam durch schöne Städte. Er kam an alten Schlössern vorbei. Er übernachtete in Kirchen mit roten Kirchenfenstern. Er liebte Kirchen, wo in den Fenstern viel rotes Glas war. Entdeckte er so eine, schlich er am Abend hinein. Nach dem Segen ging der Mesner durch die Kirche und schaute nach, ob alles in Ordnung war. Deshalb versteckte sich Einer dann in einer Bank oder hinter dem Altar oder hinter einem

Blumenstrauß. In einer Kirche gibt es viele Winkel, wo man sich verstecken kann.

Der Mesner sperrte die Kirchentür zu, und Einer hatte die ganze große Kirche für sich allein. Solange es noch hell war, schaute sich Einer alle Bilder in der Kirche an. Und meistens war auch etwas an die Decke gemalt. Manchmal, wenn es dämmrig wurde, zündete Einer eine von den vielen Kerzen an und holte sich ein Gesangbuch aus einer Bank und sang sich selber Lieder vor.

Das war sehr schön.

Noch schöner aber war das Erwachen am Morgen, wenn die ersten Sonnenstrahlen durch die roten Glasscheiben fielen. Wenn Einer Glück hatte, standen vor den Fenstern auch noch Bäume, und es wehte der Wind. Dann war da einmal Licht und einmal Schatten in der Kirche. Und drang das Sonnenlicht durch die roten Glasscheiben, wurde es purpurrot. Es hüpfte über die Bänke und über die Altartische, über die Bilder und über die Statuen. Erst war alles flimmernd getupft, dann waren nur noch wenige Punkte da, und plötzlich war die ganze Kirche flammend rot.

Einer schaute dem zu, bis er den Mesner an der Kirchentür hörte.

Manchmal bemerkte dann der Mesner Einers Schatten an der Wand, oder er hörte, wenn Einer mit dem Fuß irgendwo anstieß. Dann murmelte der Mesner: »War da nicht einer?«

Eines Tages begegnete Einer einem Wanderzirkus, der über die Landstraße zog. Das war kein großer, prächtiger Zirkus. Der Direktor hatte keinen Frack und keinen Zylinder. Es gab auch keine Löwen, keine Tiger und keine Eisbären. Es gab auch keinen Schimmel, auf dem die Tochter vom Zirkusdirektor hätte reiten können. Nur einen alten, grauen Gaul gab es, der zog den einzigen Zirkuswagen.
Da waren auch kein Dompteur, kein rechnendes Schwein, kein Trapezkünstler und kein küssender Delphin, sondern: der Zirkusdirektor, der zaubern konnte, seine Frau, die kochte, Geld einsammelte und Trommel schlug, ihre Tochter, die zehn Räder hintereinander schlagen, seiltanzen und auf den Händen gehen konnte. Sie hieß mit ihrem Künstlernamen Gummiprinzessin Candida.
Dann gab es noch einen alten Mann, der mit einem Affen Kunststücke vorführte, und einen jungen Mann, der mit der Gummiprinzessin Candida seiltanzte und auf einer Mundharmonika spielte, die nicht größer war als eine halbe Zündholzschachtel.
Die Zirkusleute luden Einer zur Vorstellung am Abend und danach zum Nachtmahl ein. Darum ging Einer mit ihnen weiter.
Der alte, graue Gaul zog den Zirkuswagen. Einer lief mit den Zirkusleuten hinterher. Als sie zu einem Dorf kamen, blieb das Pferd stehen, die Frau Zirkusdirektor lief auf den Dorfplatz und trommelte, bis alle Leu-

te aufmerksam wurden. Dann rief sie: »Die Sensation! Gummiprinzessin Candida! Der klügste Affe der Welt! Die kleinste Mundharmonika! Der beste Zauberer! Kommen Sie! Sehen Sie! Einmalig! Hinreißend!«
Am Abend kamen mindestens zehn Erwachsene und dreißig Kinder vor das Dorf auf die Wiese, wo der Zirkuswagen stand. Sie setzten sich ins Gras.
Die Frau Zirkusdirektor ging mit einem Tablett herum und sammelte Geld ein. Dann holte sie ihre Trommel, schlug einen Wirbel und rief: »Wir beginnen! Das achte Weltwunder!«
Einer gefiel das alles, und als der Zirkusdirektor fragte, ob er als Clown mitspielen wollte, sagte er ja.
Die Frau Direktor schminkte ihm das Gesicht weiß und den Mund purpurrot und die Augenbrauen kohlschwarz und zog ihm viel zu weite Hosen und viel zu große Schuhe an.
Sie drückte ihm eine winzige Geige in die Hand und schickte ihn auf die Wiese, wo Gummiprinzessin Candida gerade ihre Nummer beendete.
Einer verbeugte sich vor den Zuschauern. Dabei stolperte er über die viel zu lange Hose und fiel hin. Beim Aufstehen verlor er einen der viel zu großen Schuhe. Einer suchte den viel zu großen Schuh. Dabei riß ihm ein Hosenträger, und die Hose rutschte ihm über den Bauch hinunter. Einer setzte sich geschwind auf die Wiese, damit die Hose nicht weiterrutschen konnte. Er versuchte, auf der Geige zu spielen. Doch die gab nur

häßliche Töne von sich. Einer warf die Geige weg, sprang auf und lief, die Hose mit beiden Händen haltend, zum Zirkuswagen zurück. Dabei verlor er den zweiten viel zu großen Schuh.
Die Kinder und die Erwachsenen klatschten wie verrückt. Die Zirkusleute waren von Einer begeistert. Sie sagten, er sei ein wundervoller Clown.

Nach der Vorstellung saß Einer bei den Zirkusleuten. Der Direktor und Candida erzählten von dem großen, prächtigen Zirkus, den sie einmal haben würden. Der alte Mann mit dem Affen erzählte von dem großen, prächtigen Zirkus, den er einmal gehabt hatte, und der junge Mann mit der winzigen Mundharmonika erzählte, daß er bald noch eine winzigere Mundharmonika haben werde, und dann würden die großen, prächtigen Zirkusdirektoren kommen und ihn engagieren.
Die Frau Zirkusdirektor zählte das Geld, das sie eingesammelt hatte, und freute sich, daß es für Brot und Käse eine Woche lang reichte.
Einer zog zwei Wochen mit dem Zirkus herum. Jeden Abend spielte er den Clown. Doch nach zwei Wochen hatte er sich in den großen Schuhen und in der langen Hose so gut zurechtgefunden, daß er die viel zu großen Schuhe nicht mehr verlor und über die viel zu lange Hose nicht mehr stolperte. Und die Geige hatte er so gut gestimmt, daß es hübsch klang, wenn er mit dem Bogen über die Saiten strich. Da lachte niemand mehr über ihn, nicht einmal die Kinder.
Einer verabschiedete sich von den Zirkusleuten und zog allein weiter.

Ein paar Tage später lernte er einen alten Kapitän kennen. Der alte Kapitän war der Besitzer eines kleinen Frachters. Mit dem Frachter fuhr er die Küste entlang

und zu den kleinen Inseln. Einmal hatte er sein Schiff mit Pfirsichen vollgeladen, ein anderes Mal mit Öl oder Holz. Manchmal fuhr er ein paar reiche Urlauber auf dem Meer spazieren, die das Leben auf dem Wasser kennenlernen wollten.
Einer hockte mit dem Kapitän zwei Abende lang zusammen, und der Kapitän kaufte ihm Rotwein und Pizzen und erzählte ihm von Seeräubern und Rauschgiftschmugglern. Als der Kapitän wieder an Bord gehen mußte, nahm er Einer mit.
Einer gefiel es auf dem Schiff gut. Er half dem Koch beim Kartoffelschälen. Er half auch den drei Matrosen ein bißchen. Er schrubbte die Kapitänskajüte und polierte die Messingknöpfe an der Sonntagsjacke des Ka-

pitäns. Doch meistens saß er an der Reling und schaute auf das Meer und ließ sich die Sonne auf den Rücken scheinen. Der Kapitän saß oft bei ihm und erzählte ihm aus seinem Leben.

Als Einer von dem Frachter wieder an Land ging, war es im Süden schon sehr heiß. Es war die Zeit, in der Einer immer dachte: Jetzt wird es im Land der Guten-Tag-Leute langsam warm. Da ging Einer, wie jedes Jahr, nach Norden. Er ging aber sehr langsam, und als er nahe dem Land der Guten-Tag-Leute war, hörte er überhaupt auf zu gehen.

Er dachte: Ich werde diesen Sommer über im Land der Dobar-dan-Leute bleiben.

Er dachte: Ich werde mir Melonen von den Feldern holen und rote und grüne Paprika.

Er dachte: Ich werde auf den Feldern schlafen, weil es hier so warm ist.

Er dachte: Ich werde keinen Pullover brauchen und keine dicke Hose.

So bleib Einer im Land der Dobar-dan-Leute, nahe der Grenze zum Land der Guten-Tag-Leute, und er hatte es dort sehr gut.

Einmal hatte Einer seit Tagen nichts Ordentliches gegessen. Nur Melonen von den Feldern, und die machen nicht satt. Bei den Bauernhöfen war nichts zu holen. Die Hoftüren waren versperrt, und dahinter bellten die Hunde. Ein paar Hühner entdeckte Einer auf der Straße. Er hätte sich gern eines davon gefangen und

gebraten. Aber anderer Leute Hühner nehmen bringt noch mehr Ärger, als anderer Leute Eier nehmen. Wegen eines gestohlenen Eis setzt sich kein Gendarm ins Auto und sucht den Dieb. Bei einer gestohlenen Henne kann das aber schon passieren – wenn die Bäuerin sehr jammert. So verzichtete Einer auf den Hühnerbraten und wanderte zum Dorf hinaus.
Er kam zu einem Bach, einem ziemlich breiten, tiefen Bach. Einer setzte sich an den Bachrand und schaute ins Wasser. Da sah er einen großen, dicken Fisch. Der Fisch schwamm nicht, sondern stand ganz still.
Einer beugte sich weit nach vorne und griff geschwind mit beiden Händen nach dem großen, dicken Fisch.
Der Fisch wehrte sich und zappelte und schlug mit den Flossen. Es war gar nicht leicht, ihn festzuhalten.
Wenn einer so hungrig ist wie Einer, dann läßt er nicht so leicht los. Einer fiel in den Bach und rutschte auf den glitschigen Steinen am Grund des Wasser aus. Er kam mit dem Kopf unter Wasser, und die Mütze schwamm ihm beinahe davon. Aber als Einer aus dem Bach stieg, hielt er den großen, dicken Fisch noch immer in den Händen.
Einer suchte dürre Zweige und machte ein Feuer. Er bestreute den Fisch mit Salz, das er in seinem Beutel hatte. Er suchte auf der Wiese nach Kräutern. Er fand eine ganze Handvoll Rosmarin und Salbei und Wacholder und Bohnenkraut. Die steckte er dem Fisch in den Bauch. Dann briet er den Fisch, und der große,

dicke Fisch wurde knusprigbraun; sein Fleisch war schneeweiß. Die besten Köche in den teuersten Restaurants der Welt hätten Einer um diesen Fisch beneidet!
Einer aß den ganzen großen Fisch auf. Dann war er so satt und vollgegessen, daß er sich nicht mehr rühren konnte. Er schlief zwei Tage und zwei Nächte lang auf der Wiese. Und als er endlich ausgeschlafen hatte, fühlte er sich noch immer satt und hatte noch immer den köstlichen Fischgeschmack im Mund und den wunderbaren Fischduft in der Nase. Da war Einer sehr glücklich.

Eines Tages, es war schon fast Herbst, saß Einer am Straßenrand und aß eine Melone. Da sah er einen Mann auf der Straße gehen. Der Mann kam von Norden, wo das Land der Guten-Tag-Leute ist. Der Mann hatte einen zerlumpten Mantel an und Schuhe mit Löchern. Er war so einer wie Einer. Er blieb bei Einer stehen, zeigte auf die Berge im Norden und sagte: »Dort drüben ist es schon sehr kalt. Die Leute heizen schon ihre Öfen.« Der Mann, der so einer war wie Einer, ging weiter, und Einer schaute gegen Norden.
Wie es jetzt im Land der Guten-Tag-Leute wohl aussah? Ob die Bäume noch Blätter hatten? Ob die Sonne zu Mittag noch wärmte? Ob es noch Blumen gab? Und die kugelrunde Frau? Heizte sie schon ihren Kachelofen, oder saß sie in der Küche beim Herd?
Einer hatte es plötzlich sehr eilig. Er wollte keine Minute länger warten. Er holte seinen alten, zerrissenen Pullover aus dem Beutel und zog ihn über das Hemd. Seine Mütze drückte er fest auf den Kopf, und die Schuhe schnürte er enger. Den wolligen Schal wickelte er zweimal um den Hals und kreuzte die Enden auf der Brust. Das hielt warm. So verpackt kam Einer gut über die Berge.
Im Land der Guten-Tag-Leute war kein Blatt mehr an den Bäumen. Auf den Stoppelfeldern saßen die Krähen. Der Himmel war grau, und aus den Schornsteinen stieg Rauch auf und machte den Himmel noch grauer.

Die kugelrunde Frau stand im Garten, als Einer kam. Sie hängte Bettücher an die Wäscheleine. Die weißen Vierecke flatterten im Wind. Sie erinnerten Einer an Segelboote auf dem Meer.
Die kugelrunde Frau sah Einer und ließ das Bettuch, das sie gerade in der Hand hielt, fallen. Sie stieß einen Schrei aus. Keinen erschrockenen Schrei, sondern einen glücklichen. Sie lief zu Einer und fiel ihm um den Hals.
Das war ein sehr angenehmes Gefühl für Einer und für die kugelrunde Frau auch.
Die kugelrunde Frau kochte für Einer Bohnen mit Speck und holte Wein aus dem Keller. Sie machte in dem dicken, grünen Kachelofen Feuer.

Eines Tages merkte die kugelrunde Frau, daß sie ein Kind bekommen würde. Sie freute sich darüber und wurde von Tag zu Tag kugelrunder.
Am Abend, wenn sie im Bett lagen, legte Einer seine Hände auf den Bauch der Frau. Dann spürte er manchmal, wie sich das Kind im Bauch der kugelrunden Frau bewegte. Und manchmal, wenn Einer vor dem Kachelofen saß und sich den Rücken wärmte, dann stellte er sich das Kind vor. Er dachte an ein dickes, blondes Mädchen mit blauen Augen.
Als dann das Kind aus dem Bauch der kugelrunden Frau kroch, war Einer sehr erstaunt. Das Kind hatte keine blauen Augen und keine blonden Locken. Und

dick war es auch nicht – es war ein kleines, dünnes, schwarzhaariges Wesen mit braunen Augen und mageren Armen, und es sah sehr verfroren aus.
»Ist das ein Mädchen?« fragte Einer.
»Das ist ein Hans«, sagte die kugelrunde Frau.
»Sehen Hänse immer so aus?« erkundigte sich Einer.
Die kugelrunde Frau lächelte stolz und sagte: »So hübsch sind nicht alle Hänse!«
Einer sang dem Hans oft Lieder vor; er hatte es ja in den roten Kirchen geübt. Wenn die kugelrunde Frau dem kleinen Hans »Schlaf, Kindlein, schlaf« vorsang, dann fing der kleine Hans zu weinen an. Wen ihm aber Einer »Christi Mutter stand mit Schmerzen bei dem Kreuz ...« vorsang, dann lachte der kleine Hans. Und sang Einer das Lied in der Sprache der Buenos-dias-Leute oder in der Sprache der Bonjour-Leute, dann lachte der kleine Hans noch mehr.
Und an den Fußsohlen wollte der Hans gekitzelt werden. Und in den Garten getragen werden, wollte er auch. Und dem Hans in die wenigen schwarzen Haare einen Scheitel bürsten, das konnte auch nur Einer.
Da dachte Einer, daß ihn der kleine Hans eigentlich sehr nötig habe.
Oft fuhren Einer und die kugelrunde Frau den Hans im Kinderwagen spazieren. Die Leute freuten sich, wenn sie Einer mit der kugelrunden Frau und dem Hans sahen. Sie hatten keine Angst mehr um ihre Weintrauben. Weil Einer ja mit der kugelrunden Frau

zusammen war, und die hatte Eier und Weintrauben genug.
Die Leute sagten auch nicht mehr: »Da kommt einer«, oder »Da geht einer vorbei.« Die Leute sagten jetzt: »Da kommt der Vater von Hans«, oder »Da geht der Vater von Hans vorbei.«
Und wenn ihn jemand nach seinem Namen fragte, was jetzt gar nicht selten geschah, dann sagte Einer: »Nennt mich Hans, nach meinem Sohn.« Und manche Leute sagten jetzt zur kugelrunden Frau »Frau Hans«.
Aber als der Herbst kam und die Weintrauben auf der Laube reif und die Blätter am Birnbaum rot und gelb waren, da wurde Einer traurig.
Als dann die Weintrauben abgeerntet und auf dem Birnbaum nur noch zwei kleine Blätter waren, da wurde Einer ganz blaß und mager vor lauter Traurigkeit.
Einer fror. Die kugelrunde Frau konnte so viel Holz in den Ofen stecken, wie sie wollte: Einer saß am Fenster und fror. Manchmal sagte er: »Alle Schwalben sind schon im Süden.« Oder: »Bald wird es schneien!« Dabei schaute er so unglücklich drein, daß es der kugelrunden Frau fast das Herz brach. Und weil sie kein gebrochenes Herz haben wollte, so packte sie eines Tages drei Vorratswürste und ein Dutzend Winterbirnen und ein großes Stück Käse in den Rucksack und sagte zu Einer: »Da! Schnall den Rucksack auf den Buckel und geh! Den Winter über kommen wir gut allein zurecht!«

Und sie sagte: »Einer ist unglücklich, wenn er gehen muß, ein anderer ist unglücklich, wenn er bleiben muß.«
»Und du?« fragte Einer.
»Ich gehöre zu denen, die gern bleiben«, antwortete die kugelrunde Frau. Sie hielt Einer den Rucksack hin, und Einer schnallte sich den Rucksack auf den Buckel.
»Bis zum nächsten Sommer«, sagte er und ging vom Haus weg, die Straße hinunter dem Dobardan-Land, dem Kalimera-Land und anderen Ländern, für die er erst einen eigenen Namen würde erfinden müssen, zu.
Die kugelrunde Frau stand vor dem Haus, den Hans hielt sie auf dem Arm. »Er kommt wieder«, sagte sie zum Hans, »er kommt ganz sicher wieder! Aber wenn man wiederkommen will, muß man zuerst einmal weggehen. Stimmt's?«
Der Hans war noch viel zu klein, um zu verstehen, was die kugelrunde Frau gesagt hatte. Er nickte ihr trotzdem zu und lachte.

Die anderen Geschichten

Anstelle eines Nachworts

»Großvater, erzähl mir, wie'st klein warst«, verlangte ich als Kind von meinem Großvater jeden Abend, vor dem Einschlafen, wenn ich im Bett lag.
Und der Großvater erzählte, bis meine Mutter aus der Küche grantig zu uns rein rief: »Großvater, ist schon spät, die Christl muß doch jetzt wirklich schlafen!«
Ich glaube, der Großvater erzählte sehr gern. Auf alle Fälle hörte ich ihm sehr gern zu, und nie kam ich auf die Idee, daß der Großvater beim Erzählen gewaltig schwindeln könnte. Ich wunderte mich bloß ein bißchen darüber, daß er, alt geworden, nun so ganz anders war, als früher, in seiner Kinderzeit.
Der alte Großvater war sehr gescheit und sehr lustig, sehr freundlich und sehr leise, jedem Streit ging er aus dem Weg, immer gab er gleich nach, und ein bißchen patschert und ein bißchen feige war er auch.
Der kleine Großvater, von dem der Großvater erzählte, war zwar auch sehr gescheit und sehr lustig, aber er war sehr laut. So laut sogar, daß sich die Nachbarn jeden Tag über ihn beschwerten, und seine Eltern dauernd von einer Wohnung in eine andere umziehen mußten, weil sie wegen ihrem lauten Kind überall die Kündigung bekamen. Mutig und tapfer war der kleine Großvater auch. Riesengroßen, zähnefletschenden Hunden ging er ohne zu zittern entgegen, streichelte

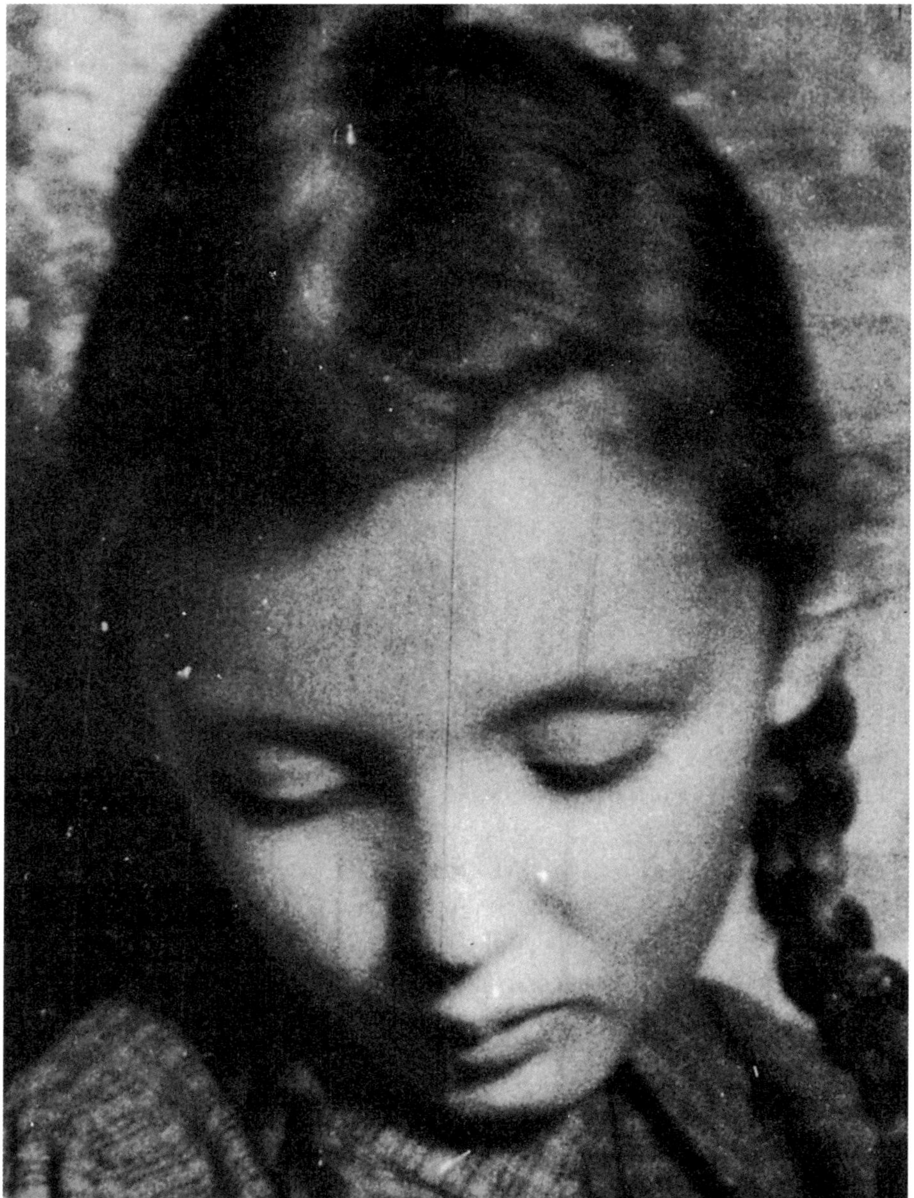

Damals war ich acht. Und auf meinem Schoß ist ein grauer Hase gesessen. Aus dem hat meine Mutter eine Woche später Gulasch gemacht.

sie und teilte mit ihnen sein Schulbrot. Und sehr schlau war er! Mit drei viel größeren Buben ließ er sich, wenn es sein mußte, auf eine Rauferei ein. Weil die drei großen Buben zusammen natürlich viel stärker als er waren, konnte er sie nur mit Tricks zu Boden ringen. Aber Tricks fielen dem kleinen Großvater immer ein, und zum Schluß lagen dann die drei großen Buben halb ohnmächtig da, und der kleine Großvater ging lachend davon. Flink wie ein Wiesel und unheimlich geschickt war er außerdem. Da war keine Mauer so hoch, daß der kleine Großvater nicht hätte drüber klettern können, kein Fluß so reißend, daß er nicht ans andere Ufer hätte schwimmen können, kein Felsen so steil, daß er nicht bis zur Spitze hätte raufkraxeln können. Gern ging er auch in der Nacht auf Hausdächern, oben auf dem First, spazieren. Und keinem Streit ging der kleine Großvater aus dem Weg. Wenn dem etwas nicht paßte, und er genau wußte, daß er recht hatte, dann krachte es. Da flogen die Fetzen, und schließlich siegte er immer!

So einen kleinen Buben gibt es natürlich gar nicht, so einen hat es sicher auch nicht ums Jahr 1880 herum gegeben. Und wenn es jemals so einen gegeben haben sollte, dann war das garantiert nicht mein Großvater. Aber dem Großvater machte es halt Spaß, sich jeden Abend wieder diesen kleinen Großvater, der er gern gewesen wäre, zusammenzuträumen.

Damals war ich sechzehn und färbte mir die Augenbrauen mit abgebrannten Streichhölzern schwarz, weil ich kein Geld für einen Augenbrauenstift hatte.

Und mir hätte es wohl auch viel weniger Spaß gemacht, die Geschichten vom echten, kleinen Großvater anzuhören.
Wahrscheinlich wären das ziemlich langweilige, manchmal auch recht traurige Geschichten gewesen.

Jetzt bin ich bald so alt, wie mein Großvater war, als er mir jeden Abend vom kleinen Großvater erzählte. Und eine Enkeltochter habe ich auch schon. Die ist allerdings noch sehr winzig. Gerade siebzig Zentimeter lang. Aber die Zeit vergeht schnell. Es könnte leicht sein, daß sie in ein paar Jahren auch von mir verlangt: »Großmutter, erzähl mir, wie'st klein warst!«
(Vielleicht sagt sie dann auch »Christine, erzähl ...« Daß mich wer »Großmutter« nennt, kann ich mir jetzt noch gar nicht vorstellen, gefällt mir irgendwie auch nicht so besonders.)
Mache ich es dann wie mein Großvater? Erzähle ich meiner Enkeltochter von einer lustigen, mutigen, tapferen, schlauen, gescheiten, kleinen Großmutter schöne Geschichten, die sie vor dem Einschlafen zum Staunen und zum Lachen bringen? Oder erzähle ich ihr die Geschichten, die gar nicht aufregend sind, und sie – und vielleicht auch mich beim Erzählen – ein bißchen traurig machen werden?
Eigentlich würde ich es lieber wie mein Großvater machen. Gar nicht so sehr der Nette – so heißt meine Enkeltochter – zuliebe, sondern mir zuliebe!

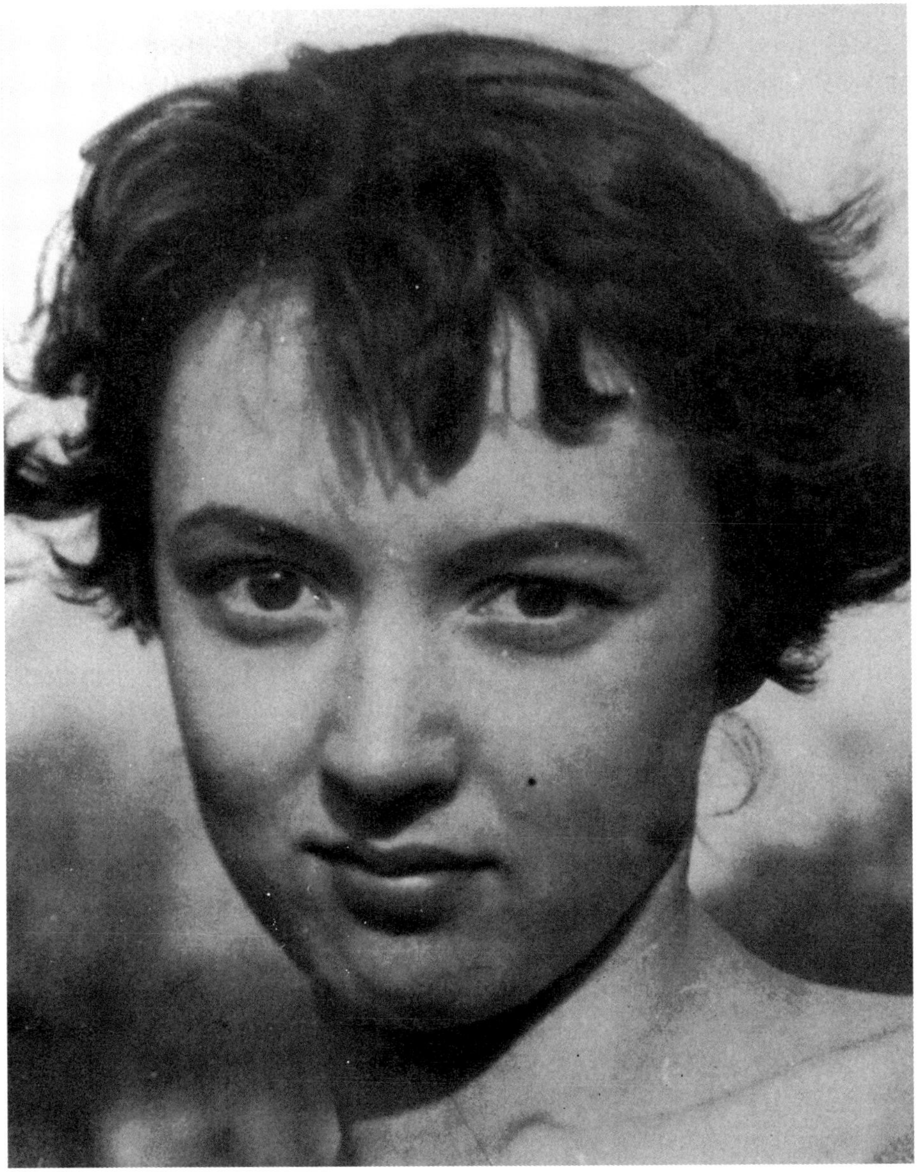

Damals war ich achtzehn und hab mich sehr geärgert, daß mich alle für vierzehn halten.

Die Geschichten vom Unglück und vom Traurigsein, von den Gemeinheiten und den Ungerechtigkeiten, die tun halt auch noch nach fünfzig Jahren weh. Natürlich lang nicht so weh wie damals.
Und dann gibt es noch die Geschichten, für die man sich schämt. Weil man anderen weh getan hat, zu anderen gemein gewesen ist und ungerecht war. Die haben einem damals zwar nicht weh getan, tun es hinterher aber doch ein bißchen. Weil man dann ja gar nichts mehr »gutmachen« kann, und weil man sich auch nicht sicher ist, was sich der denkt, dem man das erzählt, ob der einen dann nicht vielleicht ein bißchen weniger gern haben wird.
Die kleine Nette mag jetzt noch keine Geschichten hören, weder geschwindelte noch ehrliche. Aber ich könnte ein bißchen üben für sie. Damit ich nicht unversehens in Großvater-Geschichten reingerate, wenn sie in ein paar Jahren von der kleinen Großmutter was erzählt haben will!
Vielleicht könnte ihr die Geschichte vom blauen Roller gefallen?

Dort, wo ich als Kind lebte, waren die Leute arm, und die Kinder hatten sehr wenig Spielzeug. Manche hatten gar keines. Nur ich und meine Schwester, wir hatten viele Spielsachen. Jede Menge Puppen und ein Puppenhaus, Teddybären und Baukästen, einen Kaufmannsladen und einen Bauernhof, sogar eine Schulta-

1985

fel und bunte Kreiden. Und ich hatte auch einen großen, blauen Tretroller. Vorher hatte ihn meine Schwester gehabt. Aber die war nun schon zu groß dafür.
Der Tretroller war aus blau lackiertem Stahlrohr. Er hatte dicke Gummiräder, die mit einer Fahrradpumpe prall aufgeblasen wurden. Eine silbern glänzende Klingel hatte er am Lenker und gelbe Kotflügel über den dicken Gummirädern. Sogar einen orange-leuchtenden Blinker hatte er.
Kein anderes Kind in der Gegend hatte so einen Tretroller. Alle anderen Kinder hatten bloß kleine, hölzerne Roller mit scheppernden Holzrädern, hölzerner Lenkstange und ganz ohne Pedal. Fuhr man auf denen herum, stand man nur mit einem Fuß auf dem Holzding oben, mit dem anderen Fuß mußte man unentwegt »anschieben«. Und oft verlor so ein Roller ein Holzradl, oder der Lenker brach entzwei.
Bloß ich konnte mich einfach mit beiden Füßen auf meinen wunderschönen Tretroller raufstellen, rechter Fuß vorne, linker dahinter, brauchte nur ein bißchen aufs gummibelegte Pedal zu treten, und schon flitzte ich los. Affenschnell. Da kam mir keiner nach. Nicht der schnellste Renner zu Fuß und schon gar nicht die Kinder auf ihren wackligen Holzrollern.
Ich hatte damals unheimlich viele Freunde und Freundinnen. Die warteten jeden Nachmittag geduldig vor unserem Haustor auf mich. Oft kamen sie auch ins

Christine Nöstlinger im Café Bräunerhof in Wien (1989).

Haus rein, klopften an der Wohnungstür und fragten meine Mutter, wann ich denn endlich zum Spielen rauskommen dürfe. Und sie waren ganz traurig und enttäuscht, wenn ihnen meine Mutter sagte, daß es sicher noch eine halbe Stunde dauern wird, bis ich meine Hausübung fertig gemacht habe.
»Mein Gott, um unser Menscherl ist vielleicht ein mordsdrum G'riß«, sagte mein Vater oft. Und ich fand es ganz selbstverständlich, daß um mich so ein »mordsdrum G'riß« war. Ich mochte alle Kinder, alle Kinder mochten mich, das war doch normal!
Na ja, außer mir gab es kein Kind, auf das die anderen Kinder vor dem Haustor ungeduldig gewartet hätten, zu dessen Wohnungstür sie »nachfragen« gegangen wären. Aber darüber zerbrach ich mir nicht den Kopf. Ich war beliebt und begehrt, basta!
Nach dem »Warum« fragt sich doch kaum wer, wenn es ihm sehr gut geht. Danach fragt man sich nur, wenn es einem dreckig geht.
Wenn ich mit meinem wunderschönen Tretroller endlich aus dem Haustor trat, begrüßten mich alle Kinder freudig, und dann liefen wir zum »Postbergl« in die Bergsteiggasse rüber.
»Postbergl« nannten wir das steile Stück der Bergsteiggasse vor dem Postamt. Auf dem »Postbergl« war der Gehsteig asphaltiert. Dort konnte man besser Tretroller fahren als auf dem holprigen Katzenkopfpflaster in den anderen Gassen. Auf dem Weg dorthin teil-

Christine Nöstlinger erhält für ihr Kinderbuch Der Zwerg im Kopf *den Zürcher Kinderbuchpreis »La vache qui lit« (1990) in Zürich.*

te ich die »Startplätze« aus. Wer als erster mit dem Tretroller das »Postbergl« runterflitzen dürfe, wer als zweiter und dritter und so fort, bis zum letzten.
Den Kindern, die ich am liebsten mochte, gab ich natürlich die besten Startplätze, und der Wölfl-Mundi, der Bub von unserer Gemüsefrau, kam immer als Letzter an die Reihe. Aber daß er überhaupt drankam, war sehr nett von mir. Denn die anderen Kinder mochten den Wölfl-Mundi nicht, die ließen ihn nie mitspielen, viele Kinder verjagten ihn sogar, wenn er ihnen bloß beim Spielen zuschauen wollte. »Trottel, verzupf dich!« sagten sie zu ihm. Oder: »Blöder, verdünnisier dich!«
Kann schon sein, daß der Wölfl-Mundi manchmal beim Tretrollerfahren auch gar nicht »drangekommen« ist, weil dauernd neue Kinder aufs »Postbergl« kamen, und ich die »einschob«, und dann die Frau Wölfl daherkam, ihren Mundi an der Hand nahm, zum Gemüseladen hin schubste und sagte, es sei schon sechs Uhr vorüber, der Mundi müsse jetzt heimkommen und Nachtmahl essen.
Ob das oft so war, daran kann ich mich nicht mehr erinnern.
Und dann wurde ich eines Tages krank. Zuerst sagte der Arzt, das sei eine Grippe, dann sagte er, das sei eine Lungenentzündung, eine ganz schwere, und es sei gar nicht sicher, daß ich die überleben werde. Ich überlebte sie, aber als ich sie überstanden hatte, war ich un-

1992

heimlich dünn, und der Arzt sagte, ich müsse »viele gute Sachen« zu essen haben, damit ich wieder ein bißchen zu Kräften komme.
»Gute Sachen« zu kaufen, war aber damals schwer möglich. Es war nämlich Krieg. Lebensmittel gab es nur auf Lebensmittelkarten, und was man da bekam, waren keine »guten Sachen«, da gab es nur Magermilch und ein bißchen Brot, wenig Butter und fast kein Gemüse. Aber meine Mutter brachte mir doch jeden Tag »gute Sachen«. Einen Tag ein Ei, einen Tag einen Apfel, einen Tag ein Schmalzbrot. Einmal, daran erinnere ich mich noch genau, sogar ein gebratenes Hendl-Haxerl.
Als ich dann wieder richtig gesund war und in die Schule gehen und am Nachmittag auf der Straße spielen gehen konnte, sagte mir meine Mutter, daß ich nun leider keinen Tretroller mehr habe. Den Tretroller habe sie »eingetauscht«. Gegen die »guten Sachen«, die ich in den letzten Wochen gegessen hatte.
Der Gemüsefrau hatte sie den Tretroller gegeben, und die hatte ihr dafür die Eier und die Äpfel, das Schmalz und das gebratene Hendl-Haxerl gegeben. Die Gemüsefrau hatte eine Schwester, die war Bäuerin, und die schickte ihr immer »gute Sachen«, die es in der Stadt auf die Lebensmittelkarten nicht zu kaufen gab.
Ein bißchen traurig war ich schon darüber, daß ich nun keinen Tretroller mehr hatte. Aber nicht furchtbar traurig.

Viel auf ihm gefahren war ich ja ohnehin nicht. Auch nicht mehr als die anderen Kinder.
Am ersten Tag, an dem ich wieder »zum Spielen raus« ging, wartete kein einziges Kind vor unserem Haustor auf mich. Obwohl die meisten Kinder, die früher dort auf mich gewartet hatten, doch in meine Klasse gingen und wußten, daß ich nun wieder gesund war.
Ich setzte mich auf die Stufe vor dem Haustor und wartete. Vielleicht kommen sie heute später als sonst, dachte ich. Aber es kam nur unsere Hausmeisterin, und die sagte zu mir, bevor sie ins Haus reinging: »Wennst deine Freunde suchst, die sind schon alle drüben auf dem Postbergl!«
Ich stand auf und ging zur Bergsteiggasse. Sehr langsam, weil ich doch noch ein bißchen wacklig in den Knien war.
An der Ecke zur Bergsteiggasse dann sah ich meine Freunde schon. Oben am »Postbergl« standen sie und umringten den Wölfl-Mundi. Der hatte beide Hände auf dem Lenker meines Tretrollers, und bis zu mir runter hörte ich seine raunzige Stimme: »Jetzt darf zuerst die Anni runter fahren, dann der Toni, und wer dann drankommt, das überleg ich mir noch!«
Und die Kinder riefen »Bitte, ich ... bitte, ich, bitte ich ...« so richtig im Kanon.
Natürlich hatte ich begriffen, daß der Tretroller jetzt dem Wölfl-Mundi gehört. Ich war ja kein dummes Kind. Aber irgendwie, dachte ich, gehört er doch auch

noch ein bißchen mir! Wenigstens, dachte ich, hätte ich doch mehr Recht auf ihn als jedes andere Kind. Und auf alle Fälle, dachte ich, sei ich besser in der Lage, die »Startplätze« zu vergeben. Der Mundi war doch saudumm! Der merkte sich ja nicht einmal drei Namen hintereinander in der richtigen Reihenfolge!
Also marschierte ich auf das »Postbergl« zu meinen Freunden rauf. Kein Kind begrüßte mich, sie schauten mich nicht einmal an. Zwischen dem Berger-Hansi und dem Schneider-Kurti wollte ich mich zum Wölfl-Mundi und zum Roller durchdrängen. Der Schneider-Kurti hielt mich an einem Arm zurück und sagte: »Jetzt dräng dich nicht vor, du bist als Allerletzte herkommen!«
Der Berger-Hansi hielt mich an einem Schürzenzipfel fest und sagte: »Du hast gar nix mehr zu bestimmen, jetzt schafft der Mundi an!«
Die anderen Kinder nickten, als ob das haarscharf auch ihre Meinung sei.
Nur der Wölfl-Mundi nickte nicht. »Laßt's die Christl durch!« kommandierte er, und folgsam ließen der Berger-Hansi meinen Schürzenzipfel und der Schneider-Kurti meinen Arm los.
Der Wölfl-Mundi schob den Tretroller zu mir hin. »Kannst eh fahren«, sagte er. »Nur paß auf, daß ihn mir net hinmachst, du fahrst immer so wild!«
Er ließ den Lenker vom Tretroller los, aber ich griff nicht danach. Der Roller kippte und fiel scheppernd zu

Boden. Ich drehte mich um und lief das »Postbergl« hinunter.
Hinter mir hörte ich die Kinder schreien: »Die depperte Gurken die, die spinnt ja, jetzt hat's dem Mundi seinen Roller hingmacht!«
Der Roller war natürlich nicht kaputt, der hielt viel mehr aus als ein bißchen Umfallen!
Viele Wochen lang kam dann der Wölfl-Mundi jeden Tag, gleich nach dem Mittagessen, zu unserem Haus. Er lehnte den Tretroller in die Einfahrt, hinter unser Haustor, ging zu unserer Wohnungstür und klopfte an. Und meine Schwester sagte dann grinsend zu mir: »Der neue Postberglkaiser ist wieder da.«
Wenn ich die Tür aufmachte, fragte der Wölfl-Mundi: »Christl, willst nicht ein bißl mit dem Tretroller fahren, bevor die anderen aufs Postbergl kommen?«
Richtig flehend sagte er das, aber ich streckte ihm jedesmal die Zunge raus und schlug die Tür zu. Und er greinte vor der Tür, auf dem Gang draußen: »Ich kann doch nix dafür!«
Im Herbst dann fuhr ein Kind mit dem Tretroller über einen dicken Glasscherben, der schlitzte das Hinterrad vom Roller quer durch. Flicken konnte man das nicht mehr, und ein neuer Gummireifen war im Krieg nicht aufzutreiben. Nicht einmal von der Gemüsefrau. Da halfen ihr alle ihre »guten Sachen« nichts.
Von dem Tag an war der Wölfl-Mundi nicht mehr der neue Postbergl-Kaiser. Er war wieder der Depperte,

den die Kinder nicht mitspielen ließen. Und war ich dabei, durfte er nicht einmal zuschauen, wenn wir spielten. Dann war ich die Erste, die »Zerzupf dich, Idiot« schrie.
Obwohl ich ganz genau wußte, daß das sehr ungerecht war, und daß ich nicht ihm, sondern den anderen Kindern böse sein müßte.

Keine gute Geschichte? Na, vielleicht ist die Geschichte von den Fenstern mit den grün-rot gestreiften Vorhängen besser?

Solange ich in die Volksschule ging, zusammen mit den Kindern aus unserem Häuserblock und den Gassen rundherum, fühlte ich mich als »reiches« Kind. Wegen meiner vielen Spielsachen. Die schönsten Kleider hatte ich auch, und immer bekam ich ein Butterbrot, nie bloß ein Fetten-Brot. So nannten die Kinder bei uns die Schnitte Schwarzbrot, die mit Margarine bestrichen war. Wahrscheinlich hatten meine Eltern wirklich ein bißchen mehr Geld als die anderen Leute in der Nachbarschaft. Auf alle Fälle gab meine Mutter mehr Geld für mich aus, als es die Mütter der anderen Kinder taten.
Doch als ich dann zehn Jahre alt war und ins Gymnasium kam, merkte ich, daß ich überhaupt kein »reiches« Kind war.
Ins Gymnasium ging außer mir kein einziges Kind aus

unserem Häuserblock und den Gassen rundherum. Dorthin kamen Kinder aus dem ganzen Bezirk, und fast alle waren – wie meine Mutter das nannte – »die Gschrappen besserer Leut«.
Schönere Kleider als ich hatten sie zwar nicht. Der Krieg war ja erst seit zwei Jahren zu Ende, auch die »besseren Leut« konnten sich damals keine schönen Kleider kaufen. Da waren die Kleider, die mir meine Mutter aus den alten Sachen meiner Großmutter nähte, immer noch schöner. Weil meine Mutter halt geschickt schneidern konnte und die Kleider genauso nähte, wie ich sie haben wollte.
Aber in wunderschönen Wohnungen lebten diese Kinder! In Wohnungen mit drei oder gar vier Zimmern, einem Vorzimmer, einem Klo und einem Bad. Ich wohnte in einer winzigen Wohnung, die hatte nur eine Küche, ein Zimmer und ein kleines Kabinett. Das Kabinett war die Werkstatt meines Vaters. Dort reparierte er Uhren. Unser Klo war auf dem Gang draußen, wir mußten es mit der Nachbarin teilen. Badezimmer gab es im ganzen Haus keines. Dazu war unsere Wohnung im Parterre!
Früher hatte mich das nicht gestört. Ganz im Gegenteil. Ich hatte es sehr bequem gefunden, nicht immer Stiegen rauf und Stiegen runter rennen zu müssen. Daß ich im Parterre wohnte, störte mich erst, als ich im Gymnasium war.
In unserer Klasse gab es noch ein Mädchen, das nicht

zu den »besseren Leut« gehörte. Die Helli. Sie war sehr klein und sehr dünn und sehr schüchtern. Gleich in der ersten Schulwoche sagte meine neue Schulfreundin, die Evi, zu mir: »Stell dir vor, diese Helli, die wohnt im Parterre!« Dabei rümpfte die Evi ihre Nase und schüttelte den Kopf so, als ob es völlig absurd sei, im Erdgeschoß eines Hauses zu wohnen. Und weil ich sie wahrscheinlich ein bißchen dumm anschaute, fügte sie noch hinzu: »Im Parterre wohnen doch nur die Hausmeister!«

»Hausmeister«, das hatte ich schon in der ersten Schulwoche gemerkt, war in meiner neuen Klasse ein Schimpfwort. Sagte ein Kind etwas Dummes, hieß es: »Die hat ein Hausmeisterhirn!« Kam ein Kind mit einer komischen Frisur daher, hieß es: »Die schaut heut aus wie eine Hausmeisterin!« Benahm sich ein Kind nicht richtig, hieß es auch: »Führt sich auf wie ein Hausmeister!«

Ich hätte der Evi gern gesagt, daß man erstens kein Hausmeister sein muß, um im Parterre zu wohnen, und daß es zweitens auch sehr nette, gescheite Hausmeister gibt, aber das schaffte ich nicht.

Jedesmal, wenn ein Kind in meiner Klasse wiederum jemand »Hausmeister« schimpfte, wollte ich mich überwinden und sagen, daß es falsch sei, über Hausmeister so zu reden. Das, fand ich, sei ich unserer Hausmeisterin schuldig.

Aber dann fing mein Herz immer ganz laut zu klopfen

an, bis in den Hals rauf spürte ich es, und kein Wort brachte ich raus.
Zu Mittag ging ich jeden Tag Hand in Hand mit der Evi aus der Schule. Bis zum Elterleinplatz hatten wir denselben Weg. Von dort mußte die Evi nach rechts weiter, und ich ging nach links.
Nach ein paar Monaten waren wir beide so gute Freundinnen, daß wir uns am Elterleinplatz einfach noch nicht trennen konnten. Weil wir soviel miteinander zu bereden hatten. So ging ich mit der Evi zuerst einmal nach rechts, bis zu ihrem Haus. Waren wir dort, kehrten wir um, gingen zum Elterleinplatz zurück und dann nach links, bis zu meinem Haus, und dann wieder retour zum Elterleinplatz.
Manchmal liefen wir diese Strecke gleich dreimal hin und her, bis wir uns endlich voneinander verabschiedeten. Und einmal, als wir auf unserer Mittags-Tour bei meinem Haus waren, fragte mich die Evi: »Wo sind denn eure Fenster?« Dabei schaute sie zum ersten und zum zweiten Stock hoch.
Kurz blieb mir der Atem weg. Dann zeigte ich auf die zwei Fenster mit den grün-rot gestreiften Vorhängen im ersten Stock, hinter denen der Herr Berger wohnte. Diese Vorhänge gefielen mir gut.
»Von wo bis wohin geht denn eure Wohnung?« fragte die Evi. Zwei Fenster waren ihr sichtlich zu wenig.
So sagte ich: »Alle vom Nachbarhaus bis übers Haustor!« Jetzt kam es mir schon nicht mehr drauf an!

Die Evi zähle die Fenster ab, kam auf sieben Stück und nickte zufrieden. »Welches ist dein Zimmer?« wollte sie bloß noch wissen.
Ich zeigte wieder auf die Fenster mit den gestreiften Vorhängen, dann zog ich die Evi schnell von unserem Haus weg, Richtung Elterleinplatz.
Aber kaum waren wir ein paar Schritte gegangen, hörte ich hinter uns die laute Stimme meiner Mutter: »Christl, Christl! Jetzt renn nicht wieder weg, dein Essen wird doch kalt!«
Die Evi blieb stehen und drehte sich um.
Aus dem Parterrefenster neben dem Haustor beugte sich meine Mutter weit raus und winkte mir ungeduldig zu.
»Du, ich glaub, eure Hausmeisterin will was von dir«, sagte die Evi.
Ich spürte, daß ich knallrot im Gesicht wurde. Aber die Evi bemerkte es nicht, die schaute ja zu unserem Haus hin.
Meine Mutter meinte wohl, daß ich sie nicht gehört habe, und rief wieder, diesmal noch lauter, daß ich heimkommen solle, weil mein Mittagessen sonst kalt werde!
»Kuh blöde!« Die Evi schüttelte den Kopf. »Was geht es eure Hausmeisterin an, ob dein Essen kalt wird?«
Ich packte die Evi an der Hand. »Die mischt sich überall ein«, sagte ich. »Da brauchst gar nicht hinhören!«
»Unsere Hausmeisterin, die ist auch so blöd!« sagte die

Evi. Sie streckte meiner Mutter noch schnell die Zunge raus, aber auf die Entfernung konnte das meine Mutter sicher nicht sehen. Dann gingen wir weiter, dem Elterleinplatz zu.
Von da an verkürzte ich unsere Mittags-Tour. Nur noch bis zur Schlosserei im Nachbarhaus ließ ich mich von der Evi heimbegleiten.
Monatelang ging das gut. Bis zu der blöden Mathe-Schularbeit! Die Evi war furchtbar schlecht in Mathe. Aber sie durfte auf diese Schularbeit nicht wieder einen Fünfer bekommen. Sonst hätte sie auch einen Mathe-Fünfer ins Zeugnis gekriegt. Und ihr Vater hatte ihr gedroht, daß er sie aus dem Gymnasium raus nimmt und in die Hauptschule steckt, wenn in ihrem Zeugnis ein Fünfer stehen sollte. Und so lernte die Evi halt jeden Nachmittag Mathe.
Am Tag vor der Schularbeit, am Nachmittag, saß ich in unserer Küche und löffelte Marillenmarmelade aus einem Einsiedeglas. Zuckerln gab es damals auch noch keine zu kaufen. Wenn ich Lust auf etwas Süßes hatte, mußte ich mich an die Marmelade halten.
Unsere Wohnungstür war sperrangelweit offen. Meine Mutter stand vor der Tür draußen auf dem Gang und putzte Schuhe. Das tat sie immer auf dem Gang. Ich hörte Schritte im Hausflur, dann hörte ich jemanden die Treppe zum ersten Stock rauf laufen. Bald darauf hörte ich Schritte die Treppe wieder runterkommen. Und dann hörte ich die ratlose Stimme der Evi:

»Bitte, ich such die Draxler Christl, aber auf keinem Türtaferl steht Draxler drauf!«
Und meine Mutter sagte: »Bist schon richtig, Mäderl. Ich bin der Christl ihre Mama. Da wohnen wir!«
Kaum eine Sekunde später stand die Evi in unserer Küche, wedelte mit ihrem Matheheft und jammerte: »Du mußt mir die blöden Beispiele erklären, ich kapier das einfach nicht!«
Mit Zitterfingern nahm ich ihr Matheheft und schlug es auf. Die schief hingekritzelten Ziffern verschwammen mir vor den Augen, in meinen Ohren sauste es. Die Evi setzte sich neben mich, grapschte sich das Marillenmarmeladenglas und löffelte drauflos. Viel war nicht mehr im Glas drinnen. »Ich hab glaubt, ihr wohnt im ersten Stock«, sagte sie, als sie mit dem Löffel den letzten Rest Marmelade aus dem Glas kratzte.
»Wir sind gestern umgezogen!« würgte ich raus.
Mehr als »Aha« sagte die Evi drauf nicht.
Dann kam meine Mutter mit den geputzten Schuhen in die Küche zurück. Sie machte uns zwei Gläser Himbeersaft und gab Evi unser letztes Stück Marmorgugelhupf. Und ich versuchte, der Evi die Rechnungen zu erkären.
Eine sehr gute Erklärerin dürfte ich diesmal nicht gewesen sein.
Die Evi war später noch oft bei mir. Wegen der Mathe-Hausübungen. Oder einfach so. Nie hat sie mich gefragt, warum wir vom ersten Stock ins Parterre umge-

zogen sind und nun statt sieben Fenster nur noch zwei haben.
Warum ich behauptet habe, daß meine Mutter unsere Hausmeisterin ist, hat sie mich auch nie gefragt. Aber jedesmal, wenn sie zur Tür reingekommen ist, hatte ich Angst, daß sie gleich danach fragen wird.

Auch keine gute Geschichte? Dann versuche ich halt noch die Prügel-Geschichte:

Vor dem Waschak-Rudi hatten alle Kinder in der Gegend riesige Angst. Er war ziemlich groß und ziemlich kräftig. Und er konnte sehr gemein sein. Ganz ohne Grund! Er boxte und rempelte, er spuckte und teilte Watschen aus. Eine Steinschleuder hatte er auch.
Meistens lehnte er irgendwo an einer Hausmauer rum, und kam ein Kind an ihm vorbei, rief er: »Was schaust mich denn so blöd an?«
Ging das Kind weiter und gab ihm keine Antwort, lief er ihm nach und trat es in den Hintern. Oder er riß es an den Haaren und schrie: »Bist dir vielleicht zu fein, daß'd mit mir redest?«
Blieb das Kind aber stehen und wollte ihm sagen, daß es ihn eh nicht blöd angeschaut habe, bekam es eine Watschen oder einen Bauchboxer, bevor es noch den Mund aufgemacht hatte.
So gingen alle Kinder dem Waschak-Rudi aus dem Weg. Ich auch. Sah ich ihn von weitem an einer Haus-

mauer lehnen, ging ich auf die andere Straßenseite rüber. Nur, damit ich nicht dicht an ihm vorbei mußte. Oft wagte ich mich nicht einmal allein auf der anderen Straßenseite an ihm vorbei. Wegen der Steinschleuder. Da bog ich dann in eine Seitengasse ein und wartete hinter der Hausecke, bis der Rudi seinen Lauer-Platz verlassen hatte. Und wenn ich Glück hatte, kam vorher ein Erwachsener, den ich kannte, dann grüßte ich den lieb und fing mit ihm zu reden an und ging neben ihm weiter, am Rudi vorbei. Auf Erwachsene schoß der Rudi nicht!

Aber im Winter, auf dem Eislaufplatz, konnte ich mit der Methode dem Waschak-Rudi nicht entkommen. Auf dem Eislaufplatz gab es nur Kinder. Keine Erwachsenen, die ich kannte und die mich beschützt hätten. Seitengassen, um dem Rudi zu entfliehen, gab es dort schon gar nicht. Die Kinder liefen immer im Kreis rum, brav in der vorgeschriebenen Richtung und übten vorwärts und rückwärts »übertreten«, und der Waschak-Rudi flitzte auf seinen Schraubendampfern – das waren altmodische Schlittschuhe, die man an normalen Schuhen festschraubte – zwischen den Kindern durch und boxte sie in die Rippen, rempelte sie an und versuchte, sie umzustoßen. Hin und wieder packte ihn zwar ein »Ordner« am Kragen und schimpfte ihn aus. Aber den Waschak-Rudi störte das nicht, kaum hatte ihn der Ordner losgelassen, war er schon wieder auf Suche nach einem neuen Opfer.

Auf mich hatte es der Rudi besonders abgesehen! Jeden Tag bekam ich ein paar Puffer von ihm. Ich hatte schon überhaupt keine Lust mehr, eislaufen zu gehen. Aber meine Mutter hatte für mich eine Saisonkarte gekauft, und sie wollte, daß sich die auch »auszahlt«. Wenn ich ihr sagte, daß ich mich vor dem Waschak-Rudi fürchtete, behauptete sie, das sei doch nur eine Ausrede von mir, ich sei einfach zu faul, ein bißchen Sport zu betreiben und wolle lieber neben dem Ofen sitzen und lesen. Sie wäre als Kind glücklich gewesen, wenn ihr jemand Eislaufschuhe und eine Saisonkarte gekauft hätte.

»Nix da, nix da«, schimpfte sie. »Raus mit dir in die frische Luft!«

Nach Weihnachten dann kam der Waschak-Rudi mit einem rotblau gestreiften Schal auf den Eislaufplatz. Wahrscheinlich hatte ihm den das Christkind gebracht. Ein sehr langer Schal war das. Und er hatte ihn nicht um den Hals gewickelt, sondern er hielt ihn an einem Fransenende in der Hand, flitzte zwischen den Kindern durch und schleuderte ihnen das andere Schalende vor die Füße.

So geschickt, über den Schal zu springen, war kaum ein Kind. Fast alle stolperten und fielen der Länge nach hin. Und der Waschak-Rudi lachte blöd und sauste mit seinem blaurot gestreiften Schal weiter und schleuderte ihn wieder ein paar Kindern vor die Füße.

Ich versuchte, immer hinter dem Rudi zu bleiben, um

dem Schal zu entgehen. Aber ich war eine sehr langsame Eisläuferin. So schnell wie der Rudi konnte ich nicht laufen. Also wurde der Abstand zwischen ihm und mir jedesmal schnell wieder größer und größer, und auf einmal war ich nicht hinter ihm, sondern er hinter mir. Dann rettete ich mich flugs seitwärts, zu den hölzernen Bänken am Rand vom Eislaufplatz und wartete, bis der Rudi mit dem Schal an mir vorbei war, erst dann lief ich wieder weiter.
So entging ich dem hinterhältigen Schal aber auch nur drei Tage lang. Als ich am vierten Tag ein paar Meter hinter dem Waschak-Rudi herlief, drehte er sich plötzlich um und schleuderte seinen gestreiften Schal nach hinten. Ich stolperte natürlich über den Schal und fiel hin. Die Zacken meiner Schlittschuhe hatten sich im Schal verfangen, ich lag der Länge nach auf dem Schal drauf.
Der Waschak-Rudi ließ das andere Schalende nicht los, und so fiel er auch hin und lag neben mir auf dem Boden. Auf dem Bauch lag er. Ich lag auf dem Rücken. Seine Schraubendampferfüße waren bei meinem Kopf, sein strohgelber Schädel war bei meinen Füßen.
Mir tat der Hintern vom Hinfallen sehr weh. Ich wollte losheulen, aber plötzlich spürte ich eine rasende, glutrote Wut in mir. Ich rappelte mich auf, bevor es der Rudi tun konnte, warf mich auf ihn drauf, saß auf ihm, als wäre er ein Schaukelpferd, und drosch mit beiden Fäusten auf seinen Hinterkopf los. Der Rudi wand

sich unter mir und bekam einen Arm frei. Es gelang ihm sogar, sich vom Bauch auf den Rücken zu drehen, aber ich ließ mich nich abschütteln, ich klebte wie eine Klette auf ihm drauf und drosch nun auf sein Gesicht los.

Der Rudi versuchte gar nicht, sich zu wehren, er schützte bloß mit dem freien Arm seinen Kopf, gegen die Fausthiebe, die auf ihn runterprasselten. Aber ein Arm reicht nicht aus, ein ganzes Gesicht zu verdecken. Ich fand immer noch eine ungeschützte Stelle zum Reinschlagen. Dabei war meine Wut längst weg. Doch ich traute mich nicht, aufzuhören. Ich war mir ganz sicher: Wenn ich ihn loslasse, springt er auf und bringt mich um! Echte Todesangst hatte ich. Und so drosch ich eben weiter und weiter. Meine Fäuste brannten bereits höllisch, total außer Atem war ich auch, Tränen hatte ich in den Augen, und der Hintern tat mir vom Drauffallen sowieso schon sehr weh.

Um den Rudi und mich herum versammelten sich viele Kinder.

Sie feuerten mich an, riefen »Zeig's ihm nur!« und »Gebührt ihm schon lange!«

Dann kam der Ordner angefahren, zwängte sich zwischen den Kindern durch, brüllte »Sofort aufhören« und riß mich vom Rudi weg.

Ich war unheimlich erleichtert, daß ich endlich aufhören durfte zu prügeln. Der Ordner sagte zu mir, daß sich für ein Mädchen nicht gehört, so wild zu raufen.

Und daß ich mich was schämen soll! Und jetzt heimgehen muß. Zur Strafe.
Der Rudi konnte nicht mal allein vom Boden hoch. Der Ordner mußte ihm dabei helfen. Aus der Nase vom Rudi rann Blut. Sein linkes Auge war zugeschwollen. Seine Unterlippe war aufgesprungen. Er stolperte heulend vom Eislaufplatz und ließ sich auf eine hölzerne Bank fallen.
Die Kinder gingen mit mir in die Garderobe. Während ich mir die Eislaufschuhe auszog und die Straßenschuhe anzog, gratulierten sie mir zu meiner Heldentat. Dann begleiteten sie mich noch bis zum Ausgang und versicherten mir, es sei eine furchtbare Ungerechtigkeit vom Ordner, mich heimzuschicken.
Am Abend kam die Frau Waschak zu meiner Mutter. Sie wollte Geld. Der Anorak vom Rudi, sagte sie, sei über und über voll Blut. Waschen könne man den nicht, den müsse sie in die Putzerei geben. Meine Mutter müsse das zahlen, weil ich schuld daran sei. Aber meine Mutter warf die Frau Waschak raus. Und mein Vater sagte zu mir, er sei sehr, sehr stolz auf mich. Weil ich meine blöde Angst vor dem blöden Waschak-Rudi endlich überwunden habe!
Ich habe meinem Vater nicht gesagt, daß er sich da irrt. Und daß ich bloß aus Todesangst gedroschen habe und dabei ganz verzweifelt gewesen bin.
Meine Angst vor dem Waschak-Rudi war nachher auch nicht weg. Ich bin wieder auf die andere Straßen-

seite gegangen, wenn er wo an einer Hausmauer gelehnt ist. Und auf dem Eislaufplatz bin ich auch wieder – so gut es ging – hinter ihm hergefahren. Aber es war wenigstens schön, daß alle anderen gedacht haben, ich hätte keine Angst vor ihm.
Hin und wieder sind Kinder zu mir gekommen und haben mich gebeten, daß ich ihnen gegen den Waschak-Rudi beistehe. »Sag ihm, daß er mich in Ruhe laßt, vor dir fürchtet er sich«, haben sie zu mir gesagt.
Mag sein, daß er sich wirklich vor mir gefürchtet hat, aber ich habe das damals nicht geglaubt. Ich habe dann ein hochnäsiges Gesicht gemacht und gesagt: »Das mach schön selber, bin ja nicht dein Kindermädl!«

Na ja, dürfte auch keine gar so besonders schöne Geschichte sein! Vielleicht mache ich es doch wie mein Großvater und träume mir für die Nette eine kleine Großmutter zusammen, die es nie gegeben hat. Damit sie und ich beim Erzählen richtig Spaß haben. Ich habe ja noch ein paar Jahre Zeit, mir zu überlegen, was gescheiter ist.

Sprache leicht, Sprache schwer ...

Wer die Geschichten von Christine Nöstlinger liest, merkt bald, daß in ihren Geschichten viele Wörter und Ausdrücke aus der Umgangssprache stammen; hier wird erzählt, wie man halt in Wien redet. Einige der vorkommenden Ausdrücke, die nicht jedem verständlich sind, müßten zum besseren Verständnis erklärt werden. (Auf keinen Fall sollte man sie ins Hochdeutsche »übersetzen« – das ginge zu Lasten der erzählerischen Atmosphäre, Personen würden verfälscht usw.) Christine Nöstlinger hat nun für alle, die es genau wissen wollen, alles und jedes genau erklärt. Wie man in Österreich sagt, was in Deutschland oft ganz anders klingt:

Was bei euch eine Griebe ist,
ist bei uns eine Grammel,
wenn uns der Reis geht,
habt ihr einen Bammel!
Was bei euch ein Furz ist,
ist bei uns ein Schas,
und redet ihr Quatsch,
erzählen wir einen Kas!
Eure Ladenschränke
sind unsere Kasteln.
Apropo Schas!
Es gibt auch einen mit Quasteln –
was bei euch ein Furz
mit Pommeln wär.
Und überreife Tomaten
sind gatschige Paradeiser, bitte sehr!
Bonbons sind Zuckerln,
Locken sind Wuckerln,
depperte Umurken
sind doofe Ziegen,
und wenn wir einen Strauken kriegen,
habt ihr einen Schnupfen.
Und Punkte sind Tupfen!
Pfannkuchen sind üblicherweise
Omeletten.
Hupfen wir in die Hapfen,
kriecht ihr in die Betten.
Omeletten können aber auch
Palatschinken sein,
und wenn wir piperln,
dann trinkt ihr viel Wein.
Wertloser Kram
ist notiges Klumpert,
und ein Herz, das laut klopft,
das pumpert.
Brötchen sind Semmerln,
Hasenscheiße sind Bemmerln.
Ein Hefenapfkuchen
ist ein Germgugelhupf,
und türmt sich was auf,
dann hat's einen Gupf!
Ein Kuddelmuddel
ist ein Wirrwarr,
und mir wird sehr klar:
Malochen heißt bei uns hakeln
und unterwürfig sein dackeln.
Eine Tunke
ist eine Soß,
ein Knödel ist ein Kloß.
Macht ihr Zicken, machen wir
Faxen,
und Beine sind bei uns Haxen.
Storchenbeine
sind Kakaosprudler,

Kräuterlimonade
ist Almdudler.
Ein Dreikäsehoch
ist ein Zwutschkerl, ein kleines.
Ein fieser Knülch
ist ein Gfrast, ein gemeines.
Stelzen
sind Eisbeine.
Wuzerln sind Krümel, sehr kleine.
Ein Nasenpopel ist ein Rammerl,
und Schweinebauch heißt Wammerl.
Wer bei euch einen Pimmel hat,
hat bei uns ein Zumpferl,
und ein Bleistiftrestchen
ist ein Stumpferl.
Das WC nennen wir Abort.
Schaufenster sind bei uns Auslagen.
Und wenn wir zu einem Herzbinkerl sagen,
dann ist der unser liebstes Schätzchen.
Und Honigbusserln sind kleine Plätzchen!
Maschen sind Schleifen,
und keppeln heißt keifen.
Ein widerlicher Mensch ist ein Untam,
und Schlagobers ist Süßrahm.
Oder nennt ihr das süße Sahne?
Jedenfalls hat einer, der nach Schnaps riecht,
eine mordsdrum Fahne!
Aber auch wir sind cool
und plantschen im Pool,
haben einen Walkman,
wollen Movies sehn,
fühlen uns O.K., super und fit,
singen den allerletzten Hit,
checken was und fixen,
zahlen cash und mixen,
brüllen »stop«
und sind am Top.

Die Geschichten dieser Sammlung sind größtenteils bereits veröffentlicht worden, zuletzt in den Sammlungen *Geschichten für Kinder in den besten Jahren*, Weinheim 1986 (vergriffen), *Eine mächtige Liebe. Geschichten für Kinder*, Weinheim 1991 und *Ein und alles*, Weinheim 1992.

Der Hund geht in die Schule ist ein Kapitel aus dem Kinderroman *Der Hund kommt*, Weinheim 1987.

Hugos dritte große Liebe wurde dem Roman *Hugo, das Kind in den besten Jahren*, Weinheim 1983, entnommen.

Pinocchio im Spielzeugland entstammt Christine Nöstlingers Nacherzählung von Carlo Collodis *Die Abenteuer des Pinocchio*, veröffentlicht unter dem Titel *Der neue Pinocchio*, Weinheim 1988.

Anna und die Wut erschien zuerst als Bilderbuch (Bilder von Christiana Nöstlinger) im Verlag Jugend und Volk, Wien 1990. Hierfür liegen alle Rechte beim Dachs Verlag, Wien, der diesen Abdruck erlaubt hat.

Viele Geschichten sind zuerst in Anthologien erschienen; hierzu die Quellenangaben:

Das Glück ist ein Vogerl in: 9. Jahrbuch der Kinderliteratur, *Was für ein Glück*, hrsg. von Hans-Joachim Gelberg, Weinheim 1993.

Der Bohnen-Jim in: *Die Kinderfähre*, hrsg. von Hans Bödecker, Stuttgart 1972. Danach als Bilderbuch *Das will Jenny haben*, Hannover 1981 (vergriffen) und mit neuem Titel *Der Bohnen-Jim*, mit Bildern von R. S. Berner, Weinheim 1986.

Der schwarze Mann und der große Hund in: *Die Kinderfähre*, hrsg. von Hans Bödecker, Stuttgart 1972. Danach als Bilderbuch *Der schwarze Mann und der große Hund*, Weinheim 1973 (vergriffen).

Die Kummerdose in: *Die Kinderfähre*, hrsg. von Hans Bödecker, Stuttgart 1972. Danach als Bilderbuch *Der kleine Jo*, Hannover 1981 (vergriffen).

Die Zwillingsbrüder in: *Daumesdick. Der neue Märchenschatz*, hrsg. von Hans-Joachim Gelberg, Weinheim 1990.

Eine mächtige Liebe in: 5. Jahrbuch der Kinderliteratur, *Das achte Weltwunder*, hrsg. von Hans-Joachim Gelberg, Weinheim 1979.

Einer in: 1. Jahrbuch der Kinderliteratur, *Geh und spiel mit dem Riesen*, hrsg. von Hans-Joachim Gelberg, Weinheim 1971; hier in der veränderten Bilderbuchfassung (mit Bildern von Janosch), Weinheim 1980.

Florenz Tschinglbell in: *Da kommt ein Mann mit großen Füßen*, hrsg. von Renate Boldt und Uwe Wandrey, Reinbek 1973.

Gugurells Hund erstmals als Bilderbuch, Wien 1980 (vergriffen).

Jonny in: *Da kommt ein Mann mit großen Füßen*, hrsg. von Renate Boldt und Uwe Wandrey, Reinbek 1973.

Mein Großvater in: 2. Jahrbuch der Kinderliteratur, *Am Montag fängt die Woche an*, hrsg. von Hans-Joachim Gelberg, Weinheim 1973.

Sepp und Seppi in: 8. Jahrbuch der Kinderliteratur, *Die Erde ist mein Haus*, hrsg. von Hans-Joachim Gelberg, Weinheim 1988. Auch als Bilderbuch mit Bildern von Christiana Nöstlinger, Weinheim 1989 (vergriffen).

Streng – strenger – am strengsten in: 3. Jahrbuch der Kinderliteratur, *Menschengeschichten*, hrsg. von Hans Joachim Gelberg, Weinheim 1975.

Tomas in: 2. Jahrbuch der Kinderliteratur, *Am Montag fängt die Woche an*, hrsg. von Hans-Joachim Gelberg, Weinheim 1973.
Über das Glück im Handel in: 9. Jahrbuch der Kinderliteratur, *Was für ein Glück*, hrsg. von Hans-Joachim Gelberg, Weinheim 1993.
Erstmals veröffentlicht: *Ein hellblauer Pullover* und, eigens für diese Sammlung, anstelle eines Nachworts geschrieben: *Die anderen Geschichten.*
Des öfteren wurden Illustrationen der Originalausgaben übernommen; darüber hinaus sind zahlreiche Geschichten dieser Sammlung neu illustriert, und zwar: *Ameisen* von Klaus Ensikat, *Anna und die Wut* von Verena Ballhaus, *Das Glück ist ein Vogerl* von Rotraut Susanne Berner, *Der Bohnen-Jim* von Philip Waechter, *Der Rabe* von Egbert Herfurth, *Der schwarze Mann und der große Hund* von Franziska Biermann, *Florenz Tschinglbell von Wolf Erlbruch,* Gugurells Hund von Jutta Bücker, *Hugos dritte große Liebe* von Jutta Bauer, *Hugos Hühner* von Eva Muggenthaler, *Mutterschule* von Axel Scheffler, *Streng – strenger – am strengsten* von Jutta Bauer, *Tomas* von Monika Port, *Über das Glück im Handel* von Rotraut Susanne Berner.